Djalma Santos

APRENDENDO A VIVER

EIJ

APRENDENDO A VIVER
Copyright© Editora Idéia Jurídica Ltda.

Editor: *Cláudio Luiz Brandão José*
Capa: *Rogério Mota*
Diagramação: *Antonio Claudio Araujo da Fonseca*
Revisão: *Maria Flavia dos Reis Amambahy*
1ª Edição: *2013*
Impresso no Brasil *Printed in Brazil*

Eij

Rua Calceteiro, 14 – Bangu
CEP 21842-310 – Rio de Janeiro – RJ

DADOS INTERNACIONAIS PARA CATALOGAÇÃO NA PUBLICAÇÃO (CIP)

S234a

Santos, Djalma, 1938-
Aprendendo a viver / Djalma Santos. – Rio de Janeiro : Idéia Jurídica, 2013.
128 p. ; 14 × 21 cm.

ISBN 978-85-87873-24-8

1. Espiritismo. 2. Conduta. 3. Felicidade. I. Título.

CDD- 133.9

JOSÉ CARLOS DOS SANTOS MACEDO BIBLIOTECÁRIO - CRB7 N. 3575

SUMÁRIO

NOTA DO AUTOR

A busca da felicidade pelo homem terreno vem de épocas recuadas, e abrange todas as raças e religiosidades, não existindo nenhuma pessoa que não aspire a esse estado mental favorável à vida humana. Todos os seres de um modo geral, inclusive os animais, desejam a felicidade e o bem-estar em todos os níveis da vida, e as formas de felicidade podem ser diferentes como as pessoas, mas o objetivo é sempre o mesmo, a alegria e o prazer.

Ao se expressar sobre a felicidade do homem terrestre, Jesus falou de uma forma indireta, afirmando: "O reino de Deus está dentro de vocês" (*Lucas*, 17:21), numa alusão clara e insofismável de que, o que procuramos por fora, já se encontra dentro de nós, faltando apenas um esforço maior para que essas potencialidades embrionárias e latentes possam aflorar e nos fazer felizes, aqui ou depois que atravessarmos as águas enigmáticas do rio da morte.

Outro detalhe interessante é que, se não temos ainda condições de sermos completamente felizes aqui na Terra, um planeta de Provas e Expiações, podemos pelo menos ser menos infelizes; se desviarmos a nossa mente dos vícios, desejos e paixões, que são os corrosivos mentais que impedem a nossa felicidade.

Ninguém consegue ser feliz quando acalenta o ódio, o rancor, a raiva, o ressentimento, o ciúme, a mágoa, a mentira, o autoritarismo, a prepotência, a maldade, a perversidade, a crueldade e a maledicência. No exato momento em que nos livramos desses miasmas mentais, começamos a evoluir com segurança na direção do infinito, e passamos, de certo modo, a vivenciar alguns momentos de intensa felicidade, mas para que isso aconteça, precisamos caminhar sem medo de ser feliz.

A evolução terrena, apesar de difícil e demorada, está de acordo com as possibilidade de cada ser humano, e as forças que Deus concede a todas as criaturas são suficientes para que cada um possa cumprir com seus deveres; e o que nos perturba mais nesse estágio em que nos encontramos são os prazeres fugidios da carne e a posse excessiva dos bens temporários que passam de mão em mão, mas que exercem um poder de atração incrível sobre nossas vidas.

Evoluir com segurança e sem medo de ser feliz é caminhar alegremente, espontaneamente, com um sorriso nos lábios, sem crítica aos outros, sem mau humor, sem azedume e sem revolta, numa posição neutra em relação ao que acontece ao seu redor, não tomando partido, ou se envolvendo em disputas ou querelas, mas apaziguando todos aqueles que necessitam de seu concurso, no campo da carne ou do espírito.

Esteja sempre pronto para receber tudo aquilo que for bom, mas também tudo aquilo que não for bom, porque a vida não é feita só de alegrias, não, mas de tristezas também, e o que temos que fazer é saber administrar o bem e o mal, tirando lições proveitosas de ambos os lados, inclusive das dores e sofrimentos, que trazem em seu bojo lições nobilíssimas que precisamos entender e aceitar, como instrumentos de aprendizado em nossa caminhada evolutiva.

A nossa intenção com a publicação deste livro, APRENDENDO A VIVER, não é ditar normas de comportamento ou conduta para ninguém, mesmo porque, também caminhamos com dificuldades nesse campo minado da experiência humana, mas alertar por meio de lições simples e humildes o perigo que corremos quando sentimos medo de ser feliz, descartando um direito que é nosso, doado por Deus, e que precisamos aproveitar enquanto estamos em experiência no campo da carne.

Doamos a vocês, queridos leitores, mais um livro de nossa autoria, com o desejo de que possam encontrar nas entrelinhas desse novo esforço de nossa parte, palavras que possam levá-los a se sentirem felizes; mas que não são palavras nossas, e sim palavras da vida eterna, e Deus fala sempre por meio delas...

DJALMA SANTOS

HUMILDADE E SIMPLICIDADE

Nunca te deixes envolver pela atração do egoísmo, do orgulho e da vaidade.

A vida verdadeira de relação em sociedade é sempre mais alegre e estuante quando empregamos a humildade e a simplicidade.

Somente quando somos humildes é que conseguimos expressar os valores de nossas conquistas pessoais.

Sem a humildade e a simplicidade nós nos tornamos prepotentes e autoritários com os outros.

Busque sempre sintonizar-se com a música suave da natureza que o envolve, enlevando-se com a simplicidade da vida.

Afaste-se da revolta, do pessimismo, da rebeldia e da irresignação, que são corrosivos da alma.

Ao exteriorizar a humildade através de seu corpo, você consegue estabelecer a paz em todos os lugares.

A força renovadora e vital que muitas pessoas apresentam está concentrada na humildade e na simplicidade.

Quem se abriga no orgulho e no egoísmo certamente está em dessintonia com tudo que se movimenta no Universo.

Ser humilde é contemplar as estrelas do Universo, sem no entanto deixar de observar as pedras que estão debaixo dos nossos pés.

Procure sonhar com os cumes esplendorosos das alturas incomensuráveis do infinito, sem deixar de pensar nas dificuldades da ascensão.

A mesma tecnologia que produz artigos de grande necessidade para o homem, é a mesma que provoca a poluição do meio ambiente.

Precisamos entender que no estágio inicial as coisas são simples, e só depois se tornam complexas.

O edifício mais alto do mundo começa com um único tijolo, e o rio mais largo e longo do mundo começa com um pequeno filete de água.

Pense nisso e considere que só a humildade e a simplicidade conseguem brilhar sem se desgastar.

Siga sempre com coragem, fé e determinação as missões que lhe forem confiadas, usando da humildade e da simplicidade.

Existe uma diferença primordial entre a humildade e a humilhação; a primeira porque é luz, e a segunda é trevas.

Existem muitas pessoas que alardeiam com entusiasmo a prática da humildade, mas só aceitam a que é praticada pelos outros.

Falar muito pouco ou exercer a técnica do silêncio é também uma forma de praticar a humildade.

O humilde nunca se irrita, não fica de mau humor nem azedo, mas entrega-se à renúncia quando não compreendido.

Humildar-se diante de Deus e dos homens é a única maneira de nos fazermos melhores, e de sofrer menos neste mundo de provas e expiações.

EDUCAÇÃO PARA A MORTE

Uma das maiores dificuldades do homem terreno é aceitar o fenômeno morte, que para muitas pessoas é o fim, o aniquilamento.

A palavra de ordem para enfrentar o fenômeno da morte é a educação, que devemos adquirir enquanto estamos vivos.

Morrer não é desaparecer, é sim realizar uma mudança de plano vibratório.

A morte é apenas um sono que se completa, um estágio entre duas vidas, em que dormimos aqui e acordamos do outro lado da vida.

É também o encerramento de um ciclo, para o início de uma nova perspectiva de vida espiritual.

A morte é uma estrada deserta que todos têm que percorrer, e depois de um sono profundo continuar a viver.

A consequência da morte do corpo físico é a plenitude da vida espiritual em novas dimensões do espaço.

Nascemos no corpo físico para que possamos adquirir experiências, e morremos para realizar um balanço do que foi nossa vida na Terra.

É muito importante nos prepararmos todos os dias para a nossa morte, porque ela não é uma surpresa, mas a única certeza que temos, a de que vamos morrer.

A morte não dá aviso de sua chegada, e quando menos se espera ela chega e nos chama para os ajustamentos impostergáveis da vida.

Diante desse imperativo biológico que é a morte, agradeça a oportunidade reparadora que ela traz.

Espere sempre morrer com tranquilidade e serenidade, sem medo de que possa lhe acontecer alguma coisa ruim depois da morte.

Procure encarar a desencarnação com coragem, fé e determinação, mesmo porque você não escapará desse momento sublime de nossas vidas.

De um modo geral, morre bem quem morre em paz, sem comprometimento com os bens materiais, sem nenhum tipo de apego que possa retardar nossa entrada no mundo espiritual.

Veja sempre a morte como uma grande amiga, que vai ajudá-lo a se desvencilhar do instrumento corporal que o ajudou a evoluir.

Quanto mais anos você viver aqui na Terra, melhor para você que terá mais oportunidade de trabalho e edificações no campo do bem.

Nunca pense em antecipar sua ida para o mundo espiritual, porque isso acabará por acontecer na hora certa.

Procure se lembrar que a morte só é ruim para quem é ruim, porque o bom, o honesto, o leal e transparente, não precisa temer nada.

O mal que pensamos estar nos esperando do outro lado da vida está dentro de nós, e levamos para o além, o céu ou inferno que construímos dentro de nós mesmos.

Viva intensamente, como se fosse o seu último dia, dando graças a Deus pela oportunidade de estar aqui.

PROCURE AGIR NA HORA CERTA

Seja orgulhoso e feliz por participar da grandeza do Universo de Deus, podendo usar de tudo que está à sua disposição.

Nunca afirmes que a dor e o sofrimento não te abandonam nunca, porque chega uma hora em que tudo se acaba.

Procure não armazenar o lado negativo das coisas e das pessoas, porque o pessimismo é um corrosivo desestimulante das iniciativas.

Pare de vez com a preocupação excessiva a respeito das aflições.

Muitas vezes perdemos a motivação para continuarmos a jornada, estacionando na beira das estrada da vida.

Acalentamos ainda o desencanto nas paisagens sombrias da reclamação, da insatisfação e da revolta.

As decepções e desilusões também acompanham-te os passos, e é necessária muita paciência para aguentar os trancos.

Ninguém transita aqui no planeta Terra sem as dores, sofrimentos, aflições, decepções e desilusões que fazem parte da vida humana.

Muitas pessoas, crucificadas por inúmeros problemas insolúveis, apresentam coragem diante dessas dificuldades.

Outros companheiros e companheiras ainda caminham debaixo de feridas ocultas sem reclamar absolutamente nada.

Existem ainda aqueles que estão sofrendo dores morais de difícil cura e difícil diagnóstico, porque são dores da alma.

Precisamos evitar a chamada autocompaixão, que é a pena de nós mesmos, e partir para a luta diária.

À medida que lutamos para crescer e superar, conseguimos a renovação do nosso espírito.

Quando se ver afligido por todo tipo de dor e sofrimento, lembra de Jesus, e ele dará ao seu espírito a paz que você tanto almeja.

Não fique parado à beira da estrada, aguardando que possa acontecer um milagre, porque o milagre é você.

A vida humana é feita de trabalho, de luta, de compartilhamento, de solidariedade, e principalmente de ações beneméritas no campo do bem.

Quando estiver sitiado por todos os lados, com os maiores problemas, lembra que tudo na vida é passageiro, e só o espírito é imortal.

Lembra ainda do que nos espera no mundo espiritual, a recepção daqueles que se foram antes de nós e nos aguardam nos portais da eternidade.

Questionando tudo isso, podemos verificar que vale a pena viver, e principalmente viver com intensidade, com alegria e com amor.

CHAGAS DO EGOÍSMO

Fuja o quanto antes do egoísmo, essa chaga purulenta que atinge milhares de pessoas.

Ele é um péssimo conselheiro, e é a causa de quase todos os problemas do ser humano.

Disfarça-se muitas vezes na vaidade, aproveitando do "desculpismo" e de acusações às vezes absurdas, gerando o desânimo e a animosidade.

Quase todas as ações violentas que observamos têm como pano de fundo o egoísmo.

Nas agressões e nos desforços individuais e coletivos, o egoísmo está sempre à frente, incitando à desordem e a balbúrdia.

O egoísta quando recebe uma recusa, partindo até mesmo de um membro da parentela familiar, revolta-se e se mostra bravio e colérico.

O mal provocado pela maledicência e pelo despeito tem também por trás de tudo os corrosivos do amor-próprio e do egoísmo.

Crimes ou ações perniciosas que prejudicam milhares de pessoas em todo o mundo são perpetrados e executados em razão do egoísmo.

Dificilmente aquele que sustenta o amor-próprio está satisfeito com o que tem, mas sempre está de olho no que é dos outros.

O egoísta só se sente realmente feliz quando colhe os louros da vitória, e ainda assim se for em tempo rápido.

Em todas as experimentações da vida, quando trabalha em conjunto com os outros, faz-se exigente e autoritário, sem investir quase nada.

Pelo menor motivo aparente torna-se irritado, investindo contra todos e contra tudo, de uma forma violenta e desequilibrada.

O egoísta está sempre armado com duas pedras na mão, esperando ser atacado a qualquer momento, porque não confia em ninguém.

Trata-se de uma imperfeição humana, que só o tempo pode curar, e que se espraia por todos os quadrantes da Terra.

O egoísmo resiste ao passar dos séculos, atacando crianças, jovens, adultos e idosos, numa ação nefasta que atinge a todos.

Procure vigiar esse perverso companheiro de jornada, não permitindo que ele invada o seu coração.

Desapega-te dele enquanto é tempo, adotando a caridade, a solidariedade e o compartilhamento, que são antídotos do egoísmo.

Assuma um compromisso contigo mesmo, de manter relacionamentos amistosos com os seus semelhantes.

A proximidade com o nosso próximo é a melhor maneira de livrarmos do egoísmo.

A compaixão, a serenidade e a renúncia também são excelentes terapias para a extinção do egoísmo.

O GOZO DOS BENS MATERIAIS

Uma das maiores atrações da matéria é o gozo dos bens temporários que passam de mão em mão.

Esses bens terrenos pertencem ao mundo físico e não podem ser levados para o outro lado da vida depois da morte.

O gozo é a satisfação imediata que quase todas as pessoas desejam, mesmo que depois possam se arrepender.

Muitas vezes um prazer de minutos pode se transformar em castigo duradouro na forma de tragédias.

Quando passa o tempo muitas vezes curto do prazer temporário, fica sempre um gosto amargo do cansaço e da busca de novas ansiedades.

O gozo na realidade não passa de um capricho carnal, que não satisfaz as necessidades do espírito imortal.

Qualquer ato inconsequente praticado em busca do gozo exacerbado, traz implicações frustradoras para o executante.

O gozo se assemelha a uma labareda voluptuosa, que queima a pessoa por dentro, devido à voracidade do corrosivo que alimenta.

É uma espécie de incêndio temporário, que logo se apaga quando se verifica a falta de combustível necessário à sua alimentação.

De um modo geral, todo tipo de gozo exige coisas, pessoas e circunstâncias favoráveis, a fim de atingir o apogeu.

Mas existem gozos que são reais, como o obtido pela intelectualidade, pelo avanço moral, pelas alegrias nascidas do dever cumprido e do sentimento puro em relação aos outros.

A felicidade íntima que muitas pessoas já experimentam é uma espécie de gozo de doação divina.

Quem alimenta os ideais de enobrecimento espiritual, de alguma forma já está a caminho de gozos imortais.

Quando o homem terreno se entrega totalmente ao trabalho em benefício dos outros, esquecendo-se de si mesmo, também encontra os gozos perenes da vida eterna.

Nesses casos o ser humano supera todas as circunstâncias, e eleva-se acima das pessoas e das conjunturas sociais, antevendo muitas vezes os gozos do futuro.

Conquistar o gozo temporário é muito fácil; difícil é conquistar a verdadeira felicidade, que só chega ao homem depois de muito tempo.

O gozo se exterioriza por meio das necessidades da carne, pelos implementos do corpo físico, e a felicidade procede do espírito.

O gozo impõe limitações nos objetivos maiores da vida, enquanto a felicidade dilata as forças íntimas do homem, levando-o a ter uma visão mais ampla da vida eterna.

A selvageria que muitas vezes presenciamos no homem terreno é fruto exclusivo do amor-próprio, ou seja, do egoísmo ainda reinante.

O gozo excessivo e pernicioso provoca a ardência dos sentidos, deixando o homem hebetado pelos vícios, desejos e paixões.

O gozo obtido por nossos sentidos materiais é sempre rápido, e dura muito pouco, mas a felicidade é sempre perene e duradoura.

PATRIMÔNIO FÍSICO E ESPIRITUAL

Procure estabelecer regras orçamentárias de amor e caridade, trabalhando em benefício dos outros.

Os humildes e simples são aqueles que triunfam sobre os bens materiais, que não podemos levar para o outro lado da vida.

Os verdadeiros ricos são aqueles que juntam tesouros nos céus, onde não há traças nem cupins que possam destruí-los.

Se alguém lhe pedir a camisa, dê também a capa disse Jesus, em memorável passagem evangélica do seu testamento de amor (*Mateus*, 5:40).

Se pedirem para você caminhar mil metros, caminhe dois mil, dando ao seu adversário exemplos de abnegação e renúncia.

O maior investimento aqui no planeta Terra, ainda é a construção de laços fraternos e de amizade uns junto aos outros.

Dá sempre mais aquele que dá o que lhe pode fazer falta, e não aquele que só oferece o que está sobrando do seu orçamento.

A contabilidade do verdadeiro cristão é revolucionária, no sentido de praticar sempre a caridade e solidariedade.

Do outro lado da vida, o balanço de nossas atividades no campo da caridade é inevitável.

Depois da tarefa nobilitante concluída, ocorrerá o demonstrativo de tudo o que foi feito em benefício dos nossos semelhantes.

O problema de saúde, de doença, de alegria, tristeza, de conquistas ou perdas materiais, correspondem a títulos descontáveis nos bancos da vida espiritual.

Todas as aplicações de nossos recursos materiais ou espirituais vão resultar em saldo credor ou devedor na nossa conta-corrente da vida.

A contabilidade da vida terrena é sábia, porque é regida por Leis Divinas que regem a vida cósmica.

Durante nossa experiência terra, temos que multiplicar nossos investimentos na pessoa humana, ou seja, no nosso semelhante.

Os juros e correção monetária a nosso favor, vem com a paz, a alegria e a felicidade de sermos úteis.

É importante não transferirmos para o amanhã as tarefas dos dias de hoje no campo do bem, porque a caridade não pode esperar.

Enquanto estamos jornadeando no corpo físico, são muitas as oportunidades que surgem no campo da caridade, e não podemos desperdiçá-las.

Procure considerar o patrimônio que hoje está a seu dispor, e comece hoje mesmo a trabalhar pelo seu futuro.

Reveja o seu orçamento em relação à ajuda que podes transferir para os outros, e as tarefas que você pode executar para minimizar a dor alheia.

É indispensável valorizarmos as dádivas da vida que Deus nos proporciona, levando em conta que tudo que é material, é ao mesmo o temporário.

Faça um levantamento dos recursos que foram mal aplicados, e os direcione para a caridade e para o compartilhamento.

Não detenhas sobre pretexto algum bens temporários que passam de mão em mão sob a tua custódia, sem que possas direcioná-lo para o bem dos outros.

FÉ E TRANQUILIDADE

A fé inabalável e sincera precisa estar a frente de todos os nossos empreendimentos, a fim de que possamos ser bem-sucedidos em nossos projetos de elevação.

Sem a fé e a tranquilidade para realizar tudo sem pressa e afobação, dificilmente sairemos vitoriosos em qualquer empreitada.

Quando corretamente vivida, a fé harmoniza as nossas vidas, retirando o nosso temor pelos obstáculos e dificuldades.

A fé resoluta irradia a serenidade no nosso coração, permitindo que possamos caminhar em paz sem agredir a ninguém.

Somos estimulados pela fé em quase todos os nossos projetos em relação à vida, ganhando a confiança daqueles que nos conhecem.

Se estivermos resguardados pela tranquilidade e pela fé exuberante, podemos compreender muitas coisas, sem no entanto concordar com elas.

É também por meio da fé e da tranquilidade que muitas vezes toleramos pessoas que estão erradas, sem no en tanto tornamo-nos coniventes.

Quando encontramos os caminhos da fé, é como se encontrássemos uma bússola, cuja agulha magnética aponta para Deus.

Os postulados da fé e da tranquilidade levam os homens terrenos a serem respeitados pelos seus superiores e subordinados como exemplo.

A fé nos faz confessar nosso compromisso com a Doutrina Espírita e com o Evangelho de Jesus.

Nos leva também a firmar convicções sinceras a respeito do próximo, que é a matéria-prima com a qual temos que trabalhar.

Junto com a fé, o Espiritismo nos concede uma visão plena da vida física e espiritual, elucidando os difíceis problemas da vida.

Passamos a compreender que a dor e o sofrimento não vêm como se fossem um castigo, mas como lições importantes que devemos aprender.

A Doutrina Espírita e a fé nos ajudam a permanecer dentro das ações dignificantes, que certamente nos levarão à paz.

Acalmam o nosso coração e limitam-nos paixões e desejos, evitando dores, sofrimentos e aflições.

Incitam-nos a cumprirmos com os nossos compromissos diante da vida, de Deus e dos homens.

Viver sem fé e sem tranquilidade é vagar sem destino, sem rumo, aqui, e depois que atravessarmos as águas enigmáticas do rio de morte.

A verdadeira fé não é dogmática, não é imperativa ou autoritária, e sim aceita todas as religiosidades, respeitando a opinião dos outros.

A BUSCA DE UMA RELIGIOSIDADE

De um modo geral quase todas as pessoas buscam uma religiosidade, porque isso faz parte da estrutura do ser humano.

Muitas pessoas fazem isso ainda jovens, mas outras só depois de muito tempo, às vezes até na velhice.

O Rei Salomão adverte em seus provérbios que devemos procurar Deus nos dias de nossa mocidade.

Antes que cheguem os maus dias nos quais venhamos a dizer: "Não tenho neles contentamento."

O mundo inteiro clama pela ajuda de Jesus, porque reconhece o poder do maior dispensador de bens eternos do mundo.

Jesus está à disposição da humanidade inteira, mas assim como nós, espera que possamos fazer alguma coisa para atraí-lo.

Para ganharmos a confiança e o apreço de Jesus, precisamos nos atrelar aos princípios do perdão e do arrependimento.

Os seres humanos apresentam uma larga faixa de necessitados de pão, de roupas, de casas, e principalmente de socorro espiritual.

O socorro maior apresentado por Jesus está vinculado à nossa mente, aos nossos pensamentos e sentimentos.

A preocupação maior do divino mestre é com a violência que campeia entre os homens, que continuam bravios e coléricos, mesmo depois de séculos de experiência humana.

Com Jesus podemos obter a tranquilidade, a serenidade e a fraternidade de que tanto necessitamos nesse estágio em que nos encontramos.

No campo das viciações mentais, ainda acalentamos o ódio, rancor, ressentimento, raiva, ciúme, e outras viciações mentais deletérias.

E Jesus surge como recurso libertador desses vícios nefastos, que trazem até nós a dor, o sofrimento, as aflições, e até mesmo a loucura.

Jesus propõe um trabalho solidário entre as pessoas, por meio do compartilhamento e da solidariedade, como forma de alcançar a paz.

Esses momentos atuais da nossa vida aqui na Terra, vemos muito desespero, muita gritaria, e Jesus surge com seu silêncio e com sua paz.

Precisamos comparar todas as incertezas que o mundo material apresenta, e ficar com a segurança que Jesus nos oferece.

Temos que considerar todos os impositivos e atrativos da carne, para ficarmos com os conselhos salutares de Jesus.

Precisamos viver no mundo como se ele não existisse, sem se apartar um único momento de Jesus.

Nenhum ser humano poderá se afastar em definitivo de Jesus, mesmo que o deseje ou que lhe seja imposto.

A vida física, mesmo que dure muitos e muitos anos, com fortuna, beleza e saúde, chegará uma hora que você terá que obrigatoriamente lembrar de Jesus.

Sem Jesus, por mais bela e atrativa que seja a experiência humana, ela acaba por perder o sentido, por falta da presença desse amigo maior.

FRAQUEZAS HUMANAS

Todos nós, seres humanos em experiência na Terra, possuímos pontos vulneráveis em nossa personalidade.

Esses pontos vulneráveis que se encontram conosco, representam a resistência de nossa máquina orgânica.

Quando preferimos a ociosidade e o desânimo, certamente encontraremos desculpas para a preguiça.

Se você não cansa de falar em enfermidade, mesmo não a tendo, atrairá para você deficiências orgânicas que vão invadir seu corpo físico.

Se gostas de falar mal dos outros, praticando a maledicência, estará sempre descobrindo deslizes e defeitos alheios.

Caso seja ganancioso, agregado aos bens temporários da vida, respirarás sempre sobre um clima de ganância e avareza.

Se te acostumastes às sensações fortíssimas da sensualidade e dos vícios, defrontarás sempre com as atrações da carne a lhe perturbar o coração.

Impreterivelmente as tentações que te buscam no dia a dia não são externas e sim internas, porque nascem dentro de você.

Cada ser humano é colocado exatamente no lugar que lhe é próprio, a fim de encetar novas formas de crescimento e elevação.

A reencarnação é o instrumento divino que nos coloca de volta à experiência humana, junto daqueles que ferimos na retaguarda.

A finalidade da reencarnação é fixar os valores positivos que devemos investir nas mudanças, dentro do quadro das provações humanas.

Tendências, pendores, hábitos e outros componentes da mente humana, são testados e modificados, com a finalidade de crescer, superar e transcender os limites da nossa capacidade evolutiva.

Todos aqueles que delinquiram ou que malbarataram os recursos recebidos de Deus trazem da outra vida as marcas do mal que fizeram aos seus semelhantes.

O mesmo ocorre com as ações enobrecidas do bem, que também nos acompanham em novas investidas no campo da carne e do espírito.

Depois de uma estadia no mundo espiritual, voltamos aos mesmos sítios familiares da nossa parentela familiar, a fim de corrigir erros.

A nossa segurança íntima aqui ou no além dependerá sempre da nossa inclinação para o bem ou para o mal.

Somente as conquistas enobrecidas em relação ao bem dos outros conseguem nos impulsionar para o progresso e para a paz.

Nunca te permitas concessões no campo do mal, a fim de não te comprometeres com a retaguarda da vida.

Porque o que o homem semear, ele colherá, diz com muita propriedade o Apóstolo Paulo em uma de suas Cartas aos Gentios.

Essa é uma verdade incontestável, porque todo o nosso acervo de realizações no campo do bem ou do mal nos acompanhará vida afora.

Ninguém consegue fugir de si mesmo, porque na realidade o nosso mais severo juiz já se encontra conosco, que é a nossa consciência imortal.

Depois de um longo aprendizado de muitas reencarnações, passamos a nos corrigir e não a corrigir os outros.

O nosso semelhante passa a ser para nós uma espécie de matéria-prima, com a qual trabalhamos em prol de nossa iluminação.

Procure enfrentar suas fraquezas materiais com os olhos voltados para a espiritualidade, onde realmente está a verdadeira vida.

O INTERIOR DO HOMEM

Talvez uma das coisas mais difíceis para o homem terreno seja descobrir o que tem por dentro, porque de um modo geral ele só vê o que tem por fora.

Buscamos muitas vezes objetivos que estão distantes de nossa personalidade física e espiritual, em detrimento dos valores íntimos que possuímos.

Essa observação descuidada e intempestiva dificulta a nossa renovação íntima.

A maioria das pessoas se preocupa exclusivamente com as demonstrações exteriores, ligadas aos prazeres fugidios.

A interiorização do homem produz resultados positivos, favorecendo a sementeira de objetivos elevados.

Os que se ligam de uma forma aleatória aos vícios, desejos e paixões, prosseguem queixosos, irritadiços, insatisfeitos, bravios e coléricos, sem entender a vida.

É necessário anestesiar os efeitos deletérios do mal e procurar sempre o bem, onde quer que ele esteja.

A humildade que muitas vezes apresentamos, desencoraja qualquer força negativa da violência.

Todo tipo de disposição nos relacionamentos com os outros deve se apoiar na simplicidade e na humildade.

A luta diária para a nossa renovação íntima é árdua e constante, porque objetiva anular os efeitos corrosivos do mal.

Sem que tenha a decisão firme de abandonar os hábitos e pendores perniciosos, o homem se debate e fica preso a liames das atrações inferiores.

O silêncio, a prece, a meditação e o Culto no Lar, são antídotos maravilhosos para nos colocar no caminho do dever.

Superar as más inclinações e abandonar as viciações da carne são medidas preventivas para se ajustar em definitivo ao bem.

Pessoas indolentes, preguiçosas, desanimadas e melancólicas, estão sempre propensas a serem atraídas para o mal.

Trabalha dia e noite pelo seu progresso, só descansando depois de uma jornada exaustiva de trabalho nobilitário.

Cuida-te para que não queira repousar constantemente, porque o trabalho estará sempre esperando por você, aqui ou no além.

O homem só passa a entender a mensagem evangélica quando revela o desapego pelas coisa materiais.

O abandono das atrações da matéria é um sinal positivo que coloca o espírito diante de Deus e dele mesmo.

O conhecimento cristão, quando penetra no âmago do ser humano, provoca claridades intensas no espírito imortal.

O apego demasiado ao poder amoedado, político e administrativo, nos retém na retaguarda da vida.

As paixões representadas pelo álcool, fumo, jogo, drogas e sexualidade excessiva, dificultam o nosso encontro com Jesus.

Sem o abandono dos vícios, desejos e paixões, dificilmente alcançaremos a iluminação.

EVITE SEMPRE A PREGUIÇA

Todo o trabalho que realizamos em nosso favor e em favor dos nosso semelhantes exige um repouso adequado.

Sem o descanso que é normal depois de horas exaustivas de trabalho, é quase impossível continuar com as tarefas do dia a dia.

O trabalho funciona como se fosse uma mola de impulsão do progresso, edificando a evolução infinita.

Mas é necessário avaliar o número de horas aplicadas no esforço, e as horas gastas durante o repouso físico.

Quando abraçamos um ideal de elevação, assumimos um compromisso com Deus e conosco que devemos cumprir.

O repouso depois do trabalho, dá claridade para a inteligência, além de vitalizar o corpo, a fim de que ele se recupere.

O sono e o espairecimento, assim como as horas de lazer, funcionam também como forma de repouso.

Quando abraçamos um ideal de enobrecimento ou uma atividade altruística, geramos novas forças que vão nos sustentar nas horas de cansaço.

A diversificação de tarefas no campo de trabalho também gera motivos de satisfação e estímulo para podermos continuar.

Sob o pretexto de que precisa descansar, não utilize seu tempo na ociosidade e nem no sono contínuo.

Não se sinta fraco ou débil diante do trabalho que obrigatoriamente terá que executar.

Sono excessivo ou descanso por horas a fio entorpecem a mente, atrofiando os pensamentos e sentimentos.

Existe sempre muito trabalho nos aguardando, e por isso não podemos nos dar ao luxo de muito descanso.

Não se sinta melhor nem pior que o teu próximo, tudo que ele executa você também poderá fazer.

As aparências sempre enganam, portanto, seja real nas suas iniciativas, escolhendo sempre o melhor.

Esforça-te para produzir sempre mais, sem atropelar ou invadir fronteiras alheias, mas trabalhando com afinco em conjunto com os outros.

Quando se sentir exausto e carente de forças, lembra das pessoas paralíticas, atrofiadas, que não possuem condições nem mesmo de se movimentar dentro de casa.

Renova sempre os teus recursos íntimos, a fim de que não se entregue à preguiça ou à ociosidade.

Seja sempre decidido em suas movimentações no campo da carne e do espírito, destemido e valente, encarando tudo de frente e com amor.

CUIDADO COM SUA BOCA

Muito cuidado com o que sai de sua boca, porque se o que entra é perigoso, o que sai é perigosíssimo.

As palavras que proferimos, uma vez fora da boca, perdemos o controle sobre elas, que passam a ser de domínio público.

Falar o quanto menos possível, em qualquer circunstância e lugar, nos garante o título de sábios.

Ouça atentamente o que quer dizer seu interlocutor, só se pronunciando no final da conversa.

Que o homem seja tardio em falar e apressado em ouvir, diz o Apóstolo Paulo em Carta aos Gentios.

Todas as vezes que falar aos outros, deixa que seus lábios derramem indícios de esperança e alegria para os corações em ansiedade.

Todo o tipo de problema que chega até nós por intermédio da palavra, deve merecer o nosso respeito e consideração.

Coloca sempre a sua expressão verbal por meio da palavra articulada, a serviço do bem dos outros.

Procure não usar termos chulos ou difamatórios a respeito dos outros em suas conversas com amigos.

Não agasalhes em seus comentários ou insinuações, críticas destrutivas ao trabalho que os outros estão realizando.

Clarifica as almas envolvidas contigo, com expressão verbal de renovação e alegria, provocando o entusiasmo nas pessoas.

Mesmo atravessando problemas de enfermidade, esteja sempre alegre e não passe para os outros por meio de palavras a sua situação de enfermo.

Fuja da maledicência que é um incêndio de proporções ilimitadas, difícil de se apagar.

Muitas vezes o uso da palavra inadequada provoca tumultos e desentendimentos, levando as pessoas às tragédias.

Diante das agressões gratuitas que muitas vezes observamos, a palavra dócil e fraterna acalma os ânimos, estabelecendo a paz.

Se por acaso chegarem até você comentários contrários sobre sua pessoa, com acusações injustas, faz silêncio e perdoa.

Se se sentir chocado e humilhado por golpes de impiedade ou de perseguição, prossegue trabalhando e compreende.

Nunca te lamentes sobre aqueles que te prometeram muitas coisas com palavras, e não cumpriram por maldade e crueldade.

Procure insistir no cumprimento do dever e das ordenações humanas, deixando que o tempo possa diluir as palavras falsas que recebeu dos outros.

Sempre que estiver colocado na posição daquele que fala, meça com cuidado seus conceitos, e só emita aqueles que estejam carregados de emoções felizes.

Grande parte dos desequilíbrios que se verifica dentro dos lares são provocados pelo uso da palavra mal direcionada.

Quando pensamos atentamente para falar, dificilmente emitimos conceitos negativos a respeito dos outros.

O maledicente é sempre alguém que perdeu totalmente o controle da língua e da palavra articulada.

O sábio, o filósofo, geralmente quase não falam, e só emitem opinião quando consultados, e mesmo assim de uma forma rápida e curta.

A VIDA COMO ELA É

Se você só consegue ver a vida pelo lado material dos bens temporários, certamente experimentará inquietações e sofrimentos.

Se o apego às coisas materiais e aos gozos fugidios for a sua prioridade da vida, dificilmente se contentará com o que possui.

Se você encara a morte como o fim de tudo, o aniquilamento do espírito, você viverá em sobressalto todos os dias de sua vida.

Se você concentrar seus pensamentos e sentimentos nos interesses imediatos, será difícil para você encontrar motivação nos seus projetos.

Se você girar seus interesses materiais e espirituais num estreito espaço de paixões, acarretará em curto espaço de tempo em inquietações dissolventes que denigrem a alma.

Se as questões que você enfrenta no dia a dia são de efêmera duração, atrairá para você dores e sofrimentos.

Os caprichos e desejos não atendidos ou não supridos, que você almeja, podem tornar-se razão de sua desdita ou de sua loucura.

Vista pelo lado material das coisas que nos envolvem, principalmente pelo lado corporal do nosso corpo, a vida se torna realmente sem nenhum valor.

Mas quando sentimos a responsabilidade de procurar um lenitivo espiritual, as coisas se aclaram e visualizamos um mundo novo e belo.

Os sofrimentos, dores e aflições ganham um significado próprio, do qual retiramos lições valiosas para a continuação da vida plena e estuante.

O fardo que carregamos com nossos problemas, diminui na medida que nos conscientizamos da necessidade de mudarmos hábitos e pendores.

Passamos a vivenciar um desapego aos bens materiais, e acalentarmos o nosso coração com as coisas espirituais.

Geramos no nosso íntimo um sentimento de solidariedade e compartilhamento, tão necessário ao convívio com os outros.

Evitamos nos impressionar com aqueles que jornadeiam na riqueza e no fausto, e passamos a nos contentar com o pouco.

A alegria de servir e compartilhar dilatam gradativamente os nosso objetivos de amar e existir.

Passamos também a não nos impressionar com os problemas de enfermidades, assim como não nos importamos com a chegada da velhice.

A consideração a respeito da vida física e espiritual passa a ser global, estando num corpo físico ou fora dele, adquirindo assim a harmonia íntima de que precisamos.

Atribuímos a todo o tipo de conhecimento adquirido um valor especial, porque sabemos da necessidade desses valores imperecíveis.

Descobrimos ainda como agir em relação aos nossos semelhantes, superando limites e seguindo tranquilos na direção da luz

Entender a nossa vida de relação e a dos outros não é uma tarefa fácil, mas com um pouco de boa vontade podemos vencer essa luta.

O homem é um ser social, por isso devemos viver em compartilhamento, dentro da sociedade a qual estamos vinculados.

Ninguém deve se isolar ou evitar o contato com os outros, porque é por esses contatos que evoluímos para Deus.

OPÇÕES DA VIDA

Durante a nossa jornada evolutiva, encontramos muitas opções para realizarmos nosso trabalho de iluminação.

À nossa frente sempre estarão os obstáculos e dificuldades que exigem grande esforço para superá-los.

As opções que estarão no nosso caminho representam sempre a porta estreita ou a porta larga enunciada pelo nosso mestre Jesus.

A porta larga é a porta da perdição, ou seja, dos vícios, desejos e paixões, e quem entra por ela encontra o desequilíbrio e a infelicidade.

A porta estreita é a porta do cumprimento do dever, das ordenações humanas, e quem entrar por ela encontra a paz, a alegria e a felicidade.

A vida humana oferece várias alternativas ao homem terreno, que por meio do livre-arbítrio pode escolher entre o bem e o mal.

Seja qual for a alternativa escolhida, o viajor da eternidade, que é o espírito imortal, nunca se livrará da dor e do sofrimento.

O sofrimento e a dor, assim como as aflições, são na realidade avisos salutares de que o espírito está com problemas.

O mesmo ocorre com a morte que não é o fim, e sim um fenômeno biológico de transformação.

Além das dores e sofrimentos físicos, existe também as dores morais, que são as mais cruciantes para o ser humano.

As dificuldades estão por toda parte, porque fazem parte do nosso desenvolvimento intelectual e moral que precisamos conquistar.

A libertação das dores, sofrimentos, aflições, decepções e desilusões, só acaba quando tivermos o conhecimento total da nossa vida.

O conhecimento adquirido por meio do estudo vai nos oferecer a compreensão adequada para amenizar nossas dores e sofrimentos.

À medida que temos coragem para enfrentar os obstáculos, fugimos do desespero dentro do qual ficaríamos mortificados.

A crença e a fé no ideal cristão, junto ao serviço dirigido ao próximo, transformam-se em trabalho relevante no campo da solidariedade.

É com os ideais que sustentamos a vida inteligente, favorecendo os valores do espírito e valorizando a vida.

Mesmo com todo o esforço que empreendemos no campo do bem, ainda assim não estaremos isentos das dores, sofrimentos e aflições.

Alternativas pautadas no sofrimento inútil, sem ajudar a ninguém, não proporciona nenhum mérito para o espírito.

Existem muitas pessoas que, no afã de mostrar piedade em relação aos outros, sofrem, fazendo sofrer os seus semelhantes.

Mais ainda aqueles que sofrem com o sofrimento alheio, ou que não dispõem de meios para evitar os sofrimentos.

Outras pessoas ainda sofrem com as frustrações, amarguras e enfermidades, que poderiam ser minimizadas se se dispusessem a amar e a servir.

Nunca te aborreças com a presença da dor e dos sofrimentos, que a todos visita.

Se as dificuldades e obstáculos fazem morada em sua casa, silencia e espera, até que as coisas possa melhorar.

Receba com naturalidade os empecilhos, os azorragues que te acompanham em determinados pontos da estrada, procurando tirar proveito deles.

Beneficia-te com a presença das enfermidades de difícil cura e difícil diagnóstico, que trazem lições proveitosas em seu bojo.

AS BÊNÇÃOS QUE SE EXSUDAM DE TI

Mesmo quando somos carentes de quase tudo na vida, ainda assim temos sempre alguma coisa para doar ou oferecer.

Quem dá mais nunca é aquele que oferece muito, e do que geralmente está sobrando, mas aqueles que dá o que pode lhe fazer falta.

Procura ajudar sempre além dos limites daquilo que possui, desprendendo-se dos bens transitórios que passam de mão em mão.

A caridade é um dos mais belos exemplos de amor a Deus, que se materializa para nós, na figura de uma pessoa necessitada.

Vigia diuturnamente as nascentes dos seus pensamentos e sentimentos, a fim de que não canses de aprender.

Viva a lição do otimismo, da fé e da esperança, fazendo do seu dia de trabalho um hino de amor pelos seus semelhantes.

Cresça na vida diária pelo desprendimento das coisas terrenas, auxiliando aos que te procuram na estrada da vida.

Eleva o padrão dos teus sentimentos e trabalha diariamente o solo dos teus desejos e paixões, evitando os vícios e as viciações.

Nunca desdenhe o valor inapreciável do serviço cristão no seu processo de elevação para Deus.

Não desconsidere a contribuição do sofrimento e da dor na pragmática do teu crescimento íntimo.

Não desvalorize os testemunhos da renúncia e da mansuetude, assim como da humildade, no esforço de libertação espiritual.

Tenha vigilância diária contra as ciladas morais na sua vilegiatura carnal, durante o seu aprendizado espiritual.

Não percas de vista o esforço da meditação, do silêncio e da prece em face dos seus compromissos com sua evolução.

Nunca recuses qualquer tipo de trabalho ou missão, porque se chegou até você é porque você foi o escolhido para executar.

Não se coloque eternamente na condição de aprendiz, porque chega uma hora que temos que partir para a prática do que aprendemos.

Estagiamos na jornada terrestre porque estamos comprometidos com o nosso planeta, e é por isso que estamos aqui.

Muitas de nossas dores e sofrimentos advêm de nossos vínculos infelizes com a retaguarda da vida.

Procure agir no campo do bem ainda hoje, não deixando para amanhã as tarefas urgentes, porque poderemos ser surpreendidos pela ação da morte.

Temos que considerar as bênçãos que partem de Deus diuturnamente, nos beneficiando na vida aqui no planeta Terra.

O oxigênio que respiramos gratuitamente, enchendo nossos pulmões de ar, para que possamos viver.

O Sol que aquece os nossos corpos físicos, também gratuitamente todos os dias, doando-nos o quanto necessário à nossa sobrevivência.

A Lua com seu magnetismo noturno, enchendo nossos corações de poesia e amor.

As estrelas que brilham no firmamento, dando-nos um espetáculo de incomensurável beleza.

Os animais que nos rodeiam, principalmente os domésticos, dóceis e amigos, diminuindo nosso nervosismo diante da vida.

Os nossos filhos, nossos netos e toda a parentela familiar, colocada em nosso Lar como forma de entrelaçamento de amor e paz.

O BEM EM FORMA DE SERVIÇO

A prática do bem nem sempre é uma prioridade do homem terreno, que iludido com as fantasias da carne se perde num emaranhado de culpa.

Não executar o bem em favor dos outros é tão ruinoso quanto praticar o mal, porque ficamos atrofiados na retaguarda da vida.

O bem com certeza não vai te imunizar contra o sofrimento, mas com certeza te ajudará a enfrentar os obstáculos da vida.

Quando estamos a serviço do bem, estamos resguardados pelos recursos positivos das ações que desenvolvemos.

A mente humana, quando atrelada aos serviços nobilitantes do bem, nutre-se de paz e tranquilidade.

De nenhuma maneira sintonize com as armadilhas do mal, tendo sempre o bem com bandeira de sua luta diária de evolução.

Os lutadores ferrenhos dos ideais nobres no campo do bem despertam a inveja e a agressividade dos que se comprazem no mal.

Quem de alguma maneira sofre as contrições negativas do mal, certamente é porque sintoniza com ele.

Muitas vezes o bem não consegue encher todos os espaços vazios da nossa alma, mas consegue diminuir os efeitos do mau humor e do azedume.

O bem não tem o poder de nos dar a alegria plena, mas sem dúvida nos dá a satisfação da renovação íntima.

Os nossos problemas não serão totalmente resolvidos pelo bem, mas o bem nos oferecerá resistência para vencermos as dificuldades.

O bem não nos liberará das lutas de nosso caminho de redenção, mas irá nos sustentar nas horas difíceis da nossa vida.

O bem que fazemos aos nossos semelhantes é uma espécie de bem que não cessa nunca, sempre produzindo frutos do amor.

Nunca te apequenes diante do mal, porque o bem será sempre o vencedor incansável da eternidade.

Se fores agredido enquanto estiveres na ação do bem, reflete como estarias na situação de agressor.

Se na prática do amor diário consegues despertar antipatias e animosidade, considera o que sofreria se engrossasses as fileiras do ódio.

Se lutas pela reforma íntima, pelo aprimoramento moral, e ainda assim é atingido pelos petardos da incompreensão, ora e espera.

Esteja sempre propenso a praticar o bem em benefício dos outros, em qualquer situação de sua vida.

Não te acumplicies com o mal, mesmo que ele venha até você vestindo roupas douradas da maledicência, do despeito e do ciúme.

Em qualquer faixa vibratória da natureza de Deus veremos sempre a luta do bem contra o mal.

Felizes são sempre aqueles que, conhecendo a ação do mal, fazem ainda na mocidade a opção pelo bem, glorificando suas vidas.

Tratando-se de retorno de experiências da vida, tanto o bem quanto mal, dá sempre um retorno feliz ou sombrio.

A nossa iluminação, que tanto desejamos e lutamos por ela, só chegará até nós depois que erradicarmos em definitivo o mal de nossas vidas.

TRISTEZA E PAZ

Muitas vezes queremos saber o motivo da tristeza que invade o nosso coração sem nenhum motivo aparente.

Em determinados casos, pode ser a lembrança da vida espiritual em que estávamos livres no espaço, e agora estamos presos em um corpo de carne.

De outras vezes, recordamos de fatos perniciosos que executamos no passado, e que nos dias de hoje nos causam constrangimentos.

Qualquer tipo de tristeza, e sob qualquer motivo, arrasta-nos a um estado mórbido de perturbação.

Geralmente é uma insatisfação injustificável que se apossa de nossa mente, insidiosa e perseverante, levando--nos ao desequilíbrio.

Muitas vezes a tristeza é representada por uma mágoa que conservamos durante muito tempo, causando revolta e rebeldia.

Previna-te contra a angústia, a tristeza e a melancolia, que são corrosivos da alma a minar nossas forças vitais de sustentação.

Quando remoemos por dentro algum assunto que não foi solucionado, ou é de difícil solução, caímos na angústia e na tristeza.

As gêneses da angústia, da tristeza e da melancolia, são muitas, e estão ligadas principalmente ao nosso comportamento diante dos outros.

Muitas vezes procedem de equívocos do passado distante ou remoto, dos quais não lembramos mais, porque quem bate esquece, e quem apanha lembra.

Se formos analisar com cuidado e com isenção de ânimo, podemos verificar que a angústia e a tristeza são injustificáveis.

A angústia e a tristeza entorpecem os centros nervosos de força do perispírito, levando-nos ao desequilíbrio mental.

Pode afetar o nosso psiquismo mental por meio do cérebro, afetar o corpo físico e a vida, enfermando o nosso espírito.

Procure rechaçar a tristeza, a melancolia e a angústia, pondo sol nas sombras de seus problemas diários.

Nunca passes recibo de pagamento à atração da tristeza e da angústia, usando a prece e o culto no lar como antídotos terapêuticos.

Procure exercitar sua mente com trabalhos meritórios, em favor dos deserdados da sorte, e a tristeza dificilmente te achará.

Trabalhe com desinteresse em benefício dos seus semelhantes, conquistando laços fraternos e de amizade, que o livrarão da angústia.

A paz que todos nós desejamos é fruto exclusivo do trabalho que realizamos em favor dos outros, e não benefício do automatismo ou milagre.

Todo tipo de angústia, de tristeza, melancolia ou preguiça, se dilui nas águas correntes da verdadeira paz.

CORAGEM PARA VENCER NA VIDA

Se observássemos atentamente aqueles que venceram na vida, chegaríamos à conclusão de que foram os mais corajosos e destemidos.

Se a fé, sem a perseverança e sem a coragem, dificilmente venceremos os obstáculos que se colocam à nossa frente.

Somos desafiados por múltiplos problemas diariamente, e se não nos esforçarmos para vencê-los ficaremos atrofiados em nossas forças vitais.

Nas contingências do cotidiano que às vezes se prolongam, não te deixes vencer pelo cansaço ou pela preguiça.

Nunca também te entregues à revolta e ao desânimo, com blasfêmias alucinadas e desrespeito a Deus.

Lembre-se que tempestade alguma, por mais arrasadora que seja, não deixa de passar depois de algumas horas de tumulto.

A saúde física também passa, a juventude dá lugar à maturidade, que dá lugar à velhice.

Da mesma forma, as dores, sofrimentos, aflições, decepções e desilusões, passam com o decorrer do tempo.

A enfermidade muda sempre de lugar, mas procura sempre aqueles que não se compadecem da dor alheia.

A própria morte é apenas uma transição, uma mudança de ares, em que as portas da eternidade se abrem para o espírito imortal.

Tudo o que o homem edifica passa a ser patrimônio seu, no campo do bem ou do mal, daí a coragem e a necessidade de fazer só o bem.

É preciso ter coragem para se desapegar dos bens transitórios, que não podemos levar para o além.

Coragem para reconhecer nossos erros e equívocos, tomando o arrependimento como norma e o perdão como prática diária.

Ter ainda coragem para mudar as coisas que acontecem ao nosso redor, escolhendo sempre o melhor para nós e principalmente para os outros.

Manter o firme propósito de não errar mais, edificando uma vida de relação amistosa com os nossos semelhantes.

Procurar dar amparo aos necessitados de agasalho e de alimentos, sem esquecer o amparo espiritual.

Procurar dividir o máximo de recursos físicos e espirituais de uma forma direta, sem empregar intermediários na caridade.

Nas situações diversas em que você estiver envolvido, recorra sempre aos recursos positivos de que dispõe, e faça a caridade.

Procure se mirar nos exemplos de Jesus, que exerceu o trabalho mais caridoso de todos os tempos.

Ajudou a todos que o procuraram naquela época, sem no entanto retirar de sobre os ombros de cada um a responsabilidade pelos seus atos.

Curou todo o tipo de enfermidade dos infelizes daquela época, sem no entanto deixar de adverti-los para que não pecassem mais.

Conviveu com ricos e pobres sem elogiar a ostentação, assim como sem hostilizar a penúria, porque sabia das necessidades delas.

Visto o exposto acima, arme-se de coragem para enfrentar os problemas da vida, sem reclamação, sem desânimo e sem revolta, mas alegre e feliz.

CONSCIÊNCIA E DEVER

O desconhecimento da importância da consciência imortal pelo homem terreno, é algo muito triste, porque a consciência é o nosso juiz, que vai nos julgar depois da morte do corpo físico.

A consciência imortal é a diretriz espiritual do corpo físico, que é apenas um instrumento à disposição dela.

É ela que dirige, que orienta, que dinamiza, que esclarece e que ilumina o espírito em todas as fases de sua vida.

Enquanto estamos jornadeando na experiência carnal, temos que elaborar uma consciência plena e dinâmica.

Procure não postergar na edificação do bem em relação aos seus semelhantes, praticando a caridade.

A vida no seu sentido maior é sempre a oportunidade de servir e de amar os nosso irmãos de luta.

Em todas as nossas ações no campo da carne e do espírito, devemos ter nossa consciência limpa, assim como o coração.

Muitas vezes procuramos trabalhos edificantes e suntuosos, em detrimento de coisas simples de muito mais valor.

Use a sua consciência imortal para semear lições de amor a todos que te procuram no caminho da paz.

Os problemas que afetam a nossa consciência são intransferíveis e de nossa absoluta responsabilidade.

Depois da morte do corpo físico, temos um encontro fatal com nossa consciência imortal, que é nosso juiz.

A nossa moral diante da vida, assim como os nossos deveres, já estão delineados em nossa consciência.

Uma das mais gratas formas de alegria do espírito imortal é o cumprimento do dever e das ordenações humanas.

Quando o homem terreno se entrega à preguiça, ao desânimo e à melancolia, é sinal de que a consciência está embotada.

As enfermidades mentais de difícil cura e difícil diagnóstico estão intimamente ligadas à consciência imortal.

Os crimes, falcatruas, escândalos e faltas gravíssimas que cometemos, geram desequilíbrio na consciência.

A maior surpresa do homem depois da morte do corpo físico é o seu encontro com a própria consciência.

Depois da morte, nossa consciência imortal nos mostrará em um telão toda a nossa vida na Terra, como se fosse no cinema.

A alegria, a paz, a felicidade, a desdita ou o sofrimento depois da morte ficarão sempre a cargo de nossa consciência imortal.

A VIDA DEPENDE DO AMOR

Em todos os quadrantes do planeta Terra, a energia que predomina sobre todos os seres é a energia divina do amor.

O amor se apresenta nos minerais com a cristalização, nas plantas com a sensação, nos animais com o instinto e no homem com a razão.

Nenhum ser inorgânico ou orgânico escapa da influência do amor, que envolve tudo e todos com seu manto sagrado.

Ninguém consegue avançar no processo educativo da evolução sem a presença do amor.

Quando a dor te acena pedindo sua cooperação ou resignação, só ao amor pode lhe dar o lenitivo para o seu sofrimento.

Sem a presença do amor temos uma desgraça real, que é o desconhecimento dos objetivos superiores.

O amor é essa chama luminosa que clareia a noite escura de nossas preocupações com os obstáculos da vida.

Em qualquer circunstância em que você se encontre, procure amar a vida, aprendendo a técnica de ser feliz.

Existem dias em que todas as coisas parecem dar errado, e não acertamos nada, mas o amor nos sensibiliza e conforta.

Nunca te recues diante dos seus compromissos com a vida espiritual, coloque o amor diante de todo o trabalho que executar.

Inclinado a ressarcir os débitos que contraiu na retaguarda da vida, apela para o amor, e ele te indicará o caminho a seguir.

Diante da morte, e com medo das consequências que poderão advir do outro lado da vida, apoia-te no amor e segue sem medo.

Quando o amor se instala na nossa mente e no nosso coração, estamos prontos para qualquer ressarcimento ou resgate.

A chama do amor é uma bênção luminosa e imperiosa, para chegarmos com sucesso ao final de nossa caminhada.

A melhor maneira de apresentar o verdadeiro amor é utilizar o aprendizado como forma de ajudar nossos semelhantes.

Cada experiência na vida física merece respeito, por mais insignificante que ela seja, porque o que realmente nos interessa é a continuidade do trabalho em benefício dos outros.

Precisamos considerar a dor e o sofrimento como antídotos excepcionais no combate ao nosso orgulho e egoísmo.

Dor, sofrimento, decepções, desilusões e aflições. São formas que a divina providência nos manda para acalmar nosso coração.

Insista sempre no campo do bem, mesmo que o teu caminho te pareça sombrio, usando a técnica infalível do amor.

Todas as experiências da vida são válidas, inclusive as dolorosas, que devem ser examinadas com carinho para descobrirmos suas causas.

O importante é não apagarmos a chama do amor, que gera alegria, paz e felicidade para todos os seres da criação ilimitada de Deus.

PROCURE O MELHOR E O BELO

Na busca do que é melhor para nós, sem atender às necessidades dos outros, nem sempre achamos o que é mais belo.

O questionamento sobre como devemos agir nos campos da vida passa pelos nossos semelhantes.

O que não for bom para nós, certamente não o será para os nossos irmãos de luta, e por isso devemos questionar nossos atos, a fim de não invadirmos as fronteiras alheias.

Quando menos esperamos somos visitados por situações afligentes, que se recebidas com carinho e paciência podem se tornar uma coisa boa.

Sem aviso prévio, muitas complicações surgem em nossas vidas, deixando-nos atordoados pelos problemas e aflições.

Muitas vezes de maneira agressiva nos chega a dor do próximo, que se não for absorvida por nós baterá também à nossa porta.

Às vezes somos colhidos por solicitações rudes da intemperança mental, deixando-nos em clima de dificuldade.

Se constatarmos com segurança as dificuldades socorristas, teremos condições de auxiliar com eficácia.

Muitos atormentados da vida humana pedem nosso socorro ou apoio para suas alucinações.

Precisamos avaliar cada caso com muita disciplina e respeito pela dor alheia, para só então prestarmos a ajuda que se fizer necessária.

De outras vezes acusamos cansaço na nossa alma, encharcada de veneno da maldade alheia, e só mesmo o amor pode diluir esses corrosivos.

Levanta-te diante das dificuldades e obstáculos, reanima-te e revitaliza a sua condição moral para seguir em frente.

Toda consciência voltada para o bem geralmente sofre as aflições e as incertezas da vida.

Muitas vezes até o teu repouso é incomodado pela intranquilidade dos problemas, mas reaja e prossiga sempre no caminho do bem.

Todos aqueles que se mostram tranquilos demais aqui na Terra estão sempre intoxicados pelos vapores da indiferença.

Se for convidado a ajudar em qualquer projeto do bem, assuma uma posição de lidador eficiente, sem fazer perguntas, mas trabalhando muito.

Em caso de dúvidas sobre qualquer assunto, faça a pergunta que Saulo fez a Jesus no Caminho de Damasco: Senhor, que queres que eu faça?

PERDOAR SEMPRE

O exercício do perdão ainda é muito difícil para a maioria das pessoas, que não sabem que o perdão é muito melhor para quem perdoa.

Quem perdoa retira de sobre os ombros um peso difícil de se carregar, que é a mágoa, o ódio, o rancor e o ressentimento.

Ninguém consegue caminhar em paz carregando os corrosivos do mal ou o espírito de vingança contra os semelhantes.

Quem não consegue perdoar, anda de cabeça baixa, olhar parado, semblante fechado, não consegue ser feliz e não consegue fazer os outros felizes.

Precisamos perdoar o agressor, para que em outra ocasião ele possa levantar a voz em nossa defesa.

Se você estiver numa situação diferente de dificuldades, seu adversário poderá te estender a mão.

A pessoa que sempre te calunia, poderá em determinadas circunstâncias vir em teu auxílio.

O teu inimigo de agora, se perdoado sem restrições, poderá ser o seu benfeitor de amanhã.

Aquele que te acusa muitas vezes sem motivos, passado o campo de sua amargura, poderá ser gentil com você em tua jornada.

Perdoa hoje os que se voltam contra você e que levantam dificuldades em seu caminho.

Procure perdoar sem imposições abjetas ou inconvenientes, mas sem injunções, limpando seu coração dos visgos do ressentimento.

O perdão precisa ser irrestrito, assentando-se no esquecimento das faltas, com o repúdio total do mal praticado.

Dificilmente sabemos o que se passa na cabeça daqueles que nos agridem furiosamente.

Ignoramos por completo a vida íntima dos nossos adversários, sendo, portanto, difícil avaliar a situação em que se encontram.

Muitas vezes desconhecemos a trama em que tombaram muitos dos nossos desafetos, e por isso temos que desculpá-los.

Nada justifica a atitude do inimigo, a posição agressi va ou a situação deprimente em que nos envolve, mas mesmo assim devemos perdoar.

Precisamos entender que se estivéssemos na situação do inimigo faríamos o mesmo.

Para evitar que venhamos a cometer injustiças, o melhor antídoto é o perdão, que acalma os ânimos e estabelece a paz.

Quem perdoa estabelece a paz íntima e provoca uma catarse interior naquele que é perdoado.

Quem consegue esquecer o mal de que foi vítima, vitaliza o bem de que necessita para ser feliz.

Procure nunca fazer inimigos, porque as inimizades ultrapassam as fronteiras da morte.

O inimigo que atassalha as nossas vidas é sempre alguém que se enfermou e não sabe disso.

NINGUÉM MORRE

Uma das grandes dificuldades do ser humano em experiência na Terra é entender o fenômeno da morte.

Para milhares de pessoas, a morte ainda representa o fim de tudo, o aniquilamento e o mergulho no nada.

Somente a Doutrina Espírita pode nos explicar com clareza que a morte é apenas um sono que se completa, um estágio entre duas vidas.

Certamente é uma espada impiedosa que despedaça os heróis, mas é também uma cortina que se descerra, mostrando bilhões de sóis.

É uma estrada deserta, que todos têm de percorrer, depois de um sono profundo, para continuar a viver.

É a lágrima que verte na hora da despedida, mas é um controle remoto que desliga a tevê da vida.

A morte é o esgoto das casas, é a poluição do mar.

É a porta da vida, a alegria e a felicidade, é o fim do corpo físico, e é a própria eternidade.

A morte desvela a vida que continua em plenitude, em outras faixas vibratórias do espaço infinito.

Evita que a morte te surpreenda na preguiça ou no desânimo, mas procure esperá-la no trabalho em benefício dos outros.

Não te deixes dominar pela presença da morte em seu lar, aceitando com resignação e paciência os desígnios de Deus.

Programa as tuas atividades contando com o fenômeno da morte, que é inevitável para os seres orgânicos.

É muito necessário nos prepararmos para essa importante mudança em nossas vidas.

Não lamentes em tom de revolta a partida dos entes queridos com a morte, porque os reencontraremos um dia.

Diante da morte de parente de seu grupo familiar, deixe que as lágrimas lavem seu rosto e o seu coração, sem se rebelar contra Deus.

Em homenagem aos que se foram para o outro lado da vida, procure agir com honestidade e lisura nos seus atos diante da vida.

Pense positivamente que continuaremos a viver em outras dimensões da vida, sem perdermos absolutamente nada do que conquistamos.

TODOS SOMOS IRMÃOS

Precisamos questionar com profundidade o conceito de irmão, aceitando a todas as pessoas como nossas irmãs.

Aquele que te procura na porta de sua casa na situação de mendigo é um irmão desvalido que caiu nas malhas da miséria.

Aquele que porta o vício da embriaguês é um irmão equivocado que se juntou à atração do álcool.

O dependente de drogas que atravessa o seu caminho é alguém que se desviou da rota do bem para se entregar às libações alucinatórias.

O viciado no jogo de qualquer natureza que te procura é aquele que, atraído pela ganância do dinheiro, atrelou-se ao baralho.

O lascivo que muitas vezes comete crimes hediondos é também um irmão que utiliza a energia do sexo desvairadamente.

Aquele que se faz nosso adversário nessa jornada evolutiva é um irmão que nos odeia transitoriamente.

Quem se reveste de ódio, raiva e ressentimento contra nós, como perseguidor incansável, é também nosso irmão em desequilíbrio.

Partindo do princípio de que Deus é o Pai de todos os homens, somos impreterivelmente irmãos uns dos outros.

O patrão que administra um grande indústria, se for inteligente, verá em cada empregado um irmão.

Em qualquer circunstância da vida, devemos amar nossos irmãos de luta sem impor condições de relacionamento.

Tanto aquele que triunfa em seus projetos, como também aquele que é derrotado, merece o nosso respeito, porque são irmãos.

O importante é amar a todos sem exceção, sem visualizar raças ou religiosidades, democratizando nossos pensamentos e sentimentos.

Na medida em que adotamos todos os nossos companheiros de jornada como irmãos, dificilmente faremos alguma coisa contra eles.

As desavenças, os atritos e desentendimentos, surgem das aversões e antipatias, que geralmente não existem entre irmãos.

Tratando-se de irmãos da parentela familiar, o cuidado deve ser ainda maior, pois se trata de laços consanguíneos.

Vigie o seu comportamento diante dos outros, não permitindo que uma atuação intempestiva de sua parte possa ferir seu irmão de luta.

Imponha em si mesmo um regime de disciplina rígida nos relacionamentos pessoais, aceitando como irmãos todos que te procuram.

DIFICULDADES DA ALMA

A alma imortal que hoje jornadeia neste mundo terreno, é herdeira dela mesma em muitas experiências de vida.

Carrega consigo nas reencarnações sucessivas todo um acervo de realizações no campo do bem e do mal.

Em cada reencarnação nova, afloram muitos dos problemas do passado, exigindo do viajor da eternidade uma vigilância constante.

Exatamente por isso, as pessoas que hoje fazem parte de nossa convivência, não são estranhas para nós.

O filho-dificuldade que nos pede doação integral de nossa parte, não está ao nosso lado pela primeira vez.

O idoso-renitente que para nós parece uma dificuldade constante, não se encontra em nosso lar por acaso.

Qualquer tipo de familiar, com vinculação direta ou indireta, não se constitui em acaso em nossas vidas, mas em um retorno de vidas passadas.

Praticamente quase todos eles procedem de um passado reto ou distante, do qual não mais nos lembramos.

Muitos deles caíram sob a nossa custódia, e hoje se apresentam para nós, exigindo os reparos necessários para suas caminhadas.

Quando alguém cai, dificilmente cai sozinho, e leva muitas pessoas de roldão, associadas de alguma forma a quem caiu.

Muitos dramas ocultos permanecem desconhecidos do mundo, e só afloram em casos excepcionais, por intermédio da consciência imortal.

Renascemos em circunstâncias diferentes e em locais diferentes, afastando-nos gradativamente das paisagens da retaguarda da vida.

Exatamente por isso nunca te rebeles contra a dor e o sofrimento, que chegam para provocar o ressarcimento das dívidas do passado.

Aqui pode ser um companheiro que deserta; ali um filho rebelde que não aceita conselhos; e acolá um amigo que se torna áspero com você.

Surgem momentos em nossas vidas que desejamos que essas pessoas-problemas desapareçam da nossa vida.

Em outras ocasiões, desejamos utilizar da animosidade para acicatá-los pessoalmente.

Mas a liberdade espiritual que tanto desejamos só ocorrerá quando concluirmos o resgate de nossas faltas transatas.

A distância física que muitas vezes gozamos fora do alcance dos nossos adversários não constitui impedimento psíquico.

A ausência material não expressa exclusivamente a impossibilidade de intercâmbio psíquico.

O espírito imortal é vida, e enquanto está em experiência na Terra, deve trabalhar em benefício dos outros.

Acalenta-te com as emanações divinas do verdadeiro amor, e sofre com paciência as injunções que lhe são impostas pelas Leis Divinas.

Procure suportar as almas-problemas que se afinam contigo e segue em frente, saldando aos poucos suas dívidas com a retaguarda da vida.

Qualquer tipo de problema ou dificuldade sempre toma a dimensão que damos a ele, aqui ou do outro lado da vida.

OBJETIVOS DA VIDA

A vida que vivemos aqui no planeta Terra, nessa jornada evolutiva, é uma dádiva de Deus coroada de amor divino.

Somos legatários dos próprios atos, nascendo e renascendo para crescer e superar as dificuldades da vida.

A vida é ainda um hálito divino, uma força nervosa que sai de dentro do próprio Deus, e por isso deve ser respeitada.

Alegrias, dores, sofrimentos, tristezas, desdita, saúde ou enfermidade, são experiências obrigatórias aqui na Terra.

Erro, acerto, insucesso, vitória ou fracasso, são técnicas da vida para a fixação da aprendizagem terrena.

A vida está sempre atuando em forma circular, ou seja, tudo volta ao ponto de origem, depois de percorrer o espaço do tempo.

Tudo que sai de dentro do ser humano em forma de pensamento ou sentimento se dilata e volta ao ponto de origem.

Toda emissão vibratória procura seguir uma linha por onde se projeta, gerando força e impulsão com destino certo.

Quando pensamos absolutamente no bem, atraímos todo o bem que circula ao nosso redor, o mesmo acontece com o mal.

É muito importante corrigir nossa posição mental diariamente.

Mente, pensamento e ação, constituem na realidade as causas e os efeitos de nossas experiências no campo da carne e do espírito.

Quando somos malsucedidos em um tipo de atividade, devemos reiniciar com vontade, tentando acertar.

Se atravessamos períodos difíceis em nossa vida, que nos marcaram muito, devemos esquecer e prosseguir.

Se estiveres sob o guante de enfermidades pertinazes, de difícil cura e difícil diagnóstico, liberta-te de lembranças sombrias e viva.

Ao provar o fel da ingratidão que muitas vezes nos visita, partindo de pessoas de nossa intimidade, desculpa e avança.

Perdestes bens temporários? Procure recomeçar e produzir novamente.

Sempre existirá uma oportunidade nova para recomeçarmos nossas atividades no campo do bem, quando se deseja vencer.

O guichê das reclamações está sempre repleto de pessoas em desequilíbrio, enquanto o da gratidão permanece vazio.

Se observarmos a natureza que nos envolve e as bênçãos que recebemos, teremos muita coisa a louvar e a bendizer.

Certamente todos nós que aqui estamos em jornada evolutiva sofremos, mas devemos continuar lutando.

No passado houve muitas vezes que sorrimos, que sonhamos, que produzimos, que amamos e que recebemos amor.

Então por que só recordar o que é ruim, o que não foi bom para nós, ou seja, o que nos descontentou?

Por que eleger a amargura como ponto forte de nossas experiências no campo da carne e do espírito?

Ninguém passa por este mundo de provas e expiações sem sofrer, porque Deus é igual para todos, e somos nós que atraímos os sofrimentos.

Dor, sofrimento, aflições, decepções e desilusões, são catapultas de impulso para nos lançar para o progresso.

Sendo assim, liberta-te da amargura, do desânimo, da melancolia, da preguiça e da tristeza, e arma-te com coragem, fé e determinação.

A GRAÇA DA COOPERAÇÃO

Em todos os setores da vida, o ato de cooperar com os outros é um movimento de compartilhamento e solidariedade.

Quando cooperamos com os nossos semelhantes, ajudamos no plano coletivo, em benefício de muitas pessoas.

Tudo o que for valioso para você, certamente será de grande importância para o seu próximo.

Sendo assim, conceda a ele o tesouro da sua cooperação, ajudando na sua jornada evolutiva.

Ninguém consegue viver neste mundo de provas e expiações, sem o milagre da cooperação.

Mesmo sendo imperceptível aos nossos olhos materiais, tudo e todos cooperam para que possamos crescer para Deus.

Igualmente, o nosso próximo, aquele que está mais perto de nós, não prescinde de nossa cooperação em seus atos de vida.

Até mesmo as pessoas que nos parecem antipáticas, de alguma forma cooperam conosco.

Nesses casos o importante é envolvê-las com pensamentos e sentimentos de ternura, a fim de que mudem de posição em relação a nós.

Do mesmo modo, não podemos nos enganar porque também exteriorizamos manifestações psíquicas de animosidade.

No fundo gostaríamos que os nossos irmãos de luta dissimulassem as dificuldades e limitações que possuímos, sendo agradáveis conosco.

Procure agir da mesma forma com eles, em relação aos que te parecem desagradáveis e inconvenientes.

Coopera com Deus e com os seus semelhantes, na edificação do bem irrepreensível.

Dificilmente as pessoas sobrevivem sem o auxílio e a cooperação que parte dos outros.

Um edifício de muitos andares é a união de milhares de tijolos sobrepostos uns sobre os outros, formando a estrutura da obra.

A união de bilhões e bilhões de moléculas formam os planetas, os Sóis e as galáxias que conhecemos no Universo.

Procure então doar a tua cooperação para o bem geral de todos, por menor que ela te pareça.

Ao doar a cooperação, evita o quanto possível o impositivo da tua paixão, a exigência da tua forma de ser, sem fazer cobranças absurdas.

Quando oferecemos alguma coisa para os outros, na realidade estamos enriquecendo a nós mesmos.

Retribua sempre com muito amor todo o amor que chega a você partindo daqueles que de alguma forma fazem parte de sua vida.

Não te imponhas nunca, utilizando do autoritarismo e da prepotência que são corrosivos do orgulho e do egoísmo.

Coopera, portanto, com a vida plena e estuante, direcionando seus esforços para o bem geral.

SUICÍDIOS DIRETOS E INDIRETOS

Uma das piores faltas que o homem terreno pode cometer aqui na Terra é sem dúvida nenhuma o suicídio, quando se investe contra a própria vida.

Por mais atribulada e difícil seja a vida para determinada pessoa, o suicídio é a pior saída para debelar a crise.

O suicídio não só não resolve nenhum problema, como agrava ainda mais todas as dificuldades que a pessoa esteja enfrentando.

Ao chegar do outro lado da vida o suicida tem uma terrível decepção: continua vivo e numa situação mil vezes pior.

Mas o ato suicida que milhares de pessoas cometem tem sempre uma gênese, um início.

A tristeza e a melancolia que você acalenta, levando-te à mortificação, é fator destrutivo que inspira a ação suicida.

O ressentimento e a mágoa que você conserva no coração, agem como se fossem ácidos corroendo você por dentro, eliminando suas forças vitais.

A irresignação e a rebeldia sistemática que vivências, te agrilhoam nos campos do mal, provocando infelicidade.

A irritação e o desespero diante de situações que não podes controlar, conduzem-te ao aniquilamento do corpo físico.

O suicida não é só aquele que se arremete contra o corpo somático não; é também aquele que se descuida do seu instrumento de trabalho.

A melancolia sombria que te busca nos painéis de sua mente, arrojando você para a depressão, é um sinal de alarme contra o suicídio.

As aflições que se agigantam dentro de você, deixando-o atordoado e sem forças, é um convite para que você mude de atitudes na sua vida.

Os sofrimentos que te consomem, desaparecendo e ressurgindo por vezes, são um desafio que deves e precisas enfrentar.

Outras mil injunções que afetam seu estado emocional devem ser rechaçadas a fim de não levá-lo ao suicídio indireto.

Sejam quais forem os fatores aflitivos ou depressivos que te cheguem, não devem encontrar guarida em sua mente.

As dores, os sofrimentos, assim como a saudade, são mecanismos que ferem a força moral de cada ser humano.

Enfermidade e morte são fenômenos naturais do processo biológico a que todos estamos sujeitos aqui no planeta Terra.

Sendo assim, realiza diariamente uma assepsia mental em sua vida de relação, preservando otimismo, a confiança e a coragem de viver.

Quando a vida te parecer sem objetivo e estiver a ponto de cair, faça uma prece e busca a divina inspiração no Evangelho de Jesus.

Procure transformar os problemas e dificuldades em ação de beneficência e caridade, ajudando os deserdados da sorte.

CARIDADE E APRIMORAMENTO

A caridade é um combustível que é mantido na base do sentimento, projetando claridade nas sombras.

É uma espécie de luz da razão que avança na direção da dor e do sofrimento, superando as limitações do homem.

A caridade resulta sempre da irradiação que parte de corações enobrecidos pelo amor divino que jamais se esgota.

Tem a sua estrutura íntima no esforço pessoal, e se robustece em sacrifício de quem a cultiva, na busca do prazer de ajudar.

Quanto mais difícil se apresenta o obstáculo que impede a caridade, mais mérito passa a ter quem a pratica.

É exatamente por isso que a elasticidade imensa do seu exercício, faculta ao homem terreno incluí-la no seu roteiro de evolução.

Transcendendo as doações materiais, que são manifestações respeitáveis, a caridade sublima-se, santificando o seu doador.

Se formos observar os caminhos percorridos pela ação da caridade, podemos verificar que são muitos os desafios da sua prática.

O criminoso que passou a vida inteira ligado aos crimes contra os outros, necessita da caridade, e por isso devemos amá-lo na condição de enfermo da alma.

O rebelde que provoca a agressividade é alguém que devemos auxiliar com a paciência, a fim de conquistá-lo para o bem.

Aquele que te provoca antipatia e aversão, e que te provoca diariamente, representa um teste para as tuas realizações no campo da vida.

Aquele que com a ingratidão te inspira desprezo e indiferença é alguém que requer paciência e caridade a fim de se modificar.

Quem te ofendeu por qualquer tipo de razão, legítima ou ilegítima, pede uma ação de caridade de sua parte, para que se possa renová-lo para o bem.

A caridade deve ser distribuída para todos, mediante uma revolução íntima de superação pessoal.

Sem a caridade e sem a compaixão estaremos sempre vazios por dentro, e dificilmente teremos uma diretriz de vida.

A presença da caridade é sempre bem-vinda em qualquer época e em qualquer lugar, sem que ninguém ouse dispensá-la.

Se não houvesse a caridade de Deus para conosco, ainda estaríamos no primitivismo, na barbárie de tempos remotos.

A caridade no entanto alimenta a vida e nos impulsiona para a paz, para a verdadeira vida de relação com os outros.

Não esqueça que a caridade é o amor de Deus distribuindo forças harmonizadoras para os homens de boa vontade.

Ao adotar a caridade como norma de vida, o homem cresce em conhecimento para Deus.

CRESCIMENTO ÍNTIMO

A maioria dos seres humanos em experiência aqui no planeta Terra se preocupa sempre com o crescimento externo, em detrimento do crescimento interno.

Existe uma corrida desenfreada pelos valores materiais, que representa os prazeres fugidios da vida e que trazem sofrimentos.

Exatamente por isso o crescimento espiritual interno do homem é tão difícil, só sendo absorvido por quem trabalha no campo do bem.

Só depois de muitas experiências no campo da carne e do espírito é que o homem terreno chega à conclusão que tudo que deseja está dentro dele mesmo.

Enquanto isso não acontece, as dores, sofrimentos, aflições, decepções e desilusões são muitas.

É muito normal recorrermos a cooperação do próximo, que é parceiro para todas as horas.

O auxílio desinteressado que recebemos é uma bênção que cai do céu na hora certa.

No mundo em que vivemos tudo é intercâmbio, ou seja, um sistema de trocas em que você recebe de volta o que ofertou.

No entanto, existem tarefas que estão ligadas diretamente a nós, e que não podemos colocar nos ombros dos outros.

Da mesma maneira, não é lícito transferir deveres e ordenações humanas para a responsabilidade do próximo.

Dos muitos desafios que a vida terrena nos apresenta, o aprimoramento íntimo é o maior desafio.

Aprendizes da vida que somos, nos defrontamos com as lições que precisam ser aprendidas para a nossa própria felicidade.

No seu processo de renovação íntima, ninguém te acompanhará, e nem fará o trabalho por você.

Poucos vão perceber a luta íntima que você trava contra si mesmo, no dia a dia da vida terrena.

Muitos criarão dificuldades e obstáculos para você, atassalhando sua vida, e desejando que seja derrotado.

Tentarás muitas vezes o mesmo esforço de elevação, errando muitas vezes e caindo, para se levantar novamente e seguir em frente.

Prossiga, porém, trabalhando arduamente, a fim de encontrar o seu verdadeiro destino e a sua verdadeira felicidade.

Não te iludas pelos sucessos passageiros, nem pela glória de elogios que nem sempre correspondem à verdade.

Dulcifica a tua alma com a ação da prece, do silêncio, do recolhimento e do Culto do Lar, vigiando a si mesmo dia e noite.

As virtudes que você conseguir amealhar durante a jornada terrestre, serão as tuas resistências nas horas de dor e sofrimento.

COMO INVESTIR O DINHEIRO

Se formos observar como se delineia a vida terrestre, chegaremos à conclusão de que o dinheiro é um gerador terrível de confusão.

O dinheiro está intimamente ligado ao lucro, e o lucro está ligado à avareza, ao egoísmo, ao orgulho e à vaidade.

Exatamente por isso nenhum ser humano dispensa o dinheiro, assim como nenhuma religiosidade, e somos na realidade escravos do dinheiro.

Aplicamos dinheiro na bolsa de valores, sem nenhuma certeza de que haverá lucro ou retorno compatível com nossa expectativa.

No entanto, por maior que seja a nossa prudência, os rumos do dinheiro aplicado são imprevisíveis.

Nessas instituições ocorrem abalos, mudam-se os câmbios e os preços, e muitas ações se desvalorizam e desmoronam.

Discutimos muitas vezes apaixonadamente a respeito da inflação e armazenamos recursos de acautelamento.

Usamos os pensamentos, as ideias, consultamos especialistas no campo financeiro, para saber os papéis de maior rendimento.

Adquirimos imóveis, terras, fazendas e animais, contabilizando poupança e dinheiro a juros, na ânsia de obter cada vez mais.

Compramos cédulas, metais preciosos, quadros de artistas importantes, resguardando-nos em posição previdente.

Mas muitos investidores inflamados, quando são colhidos pelos escândalos e falcatruas, enlouquecem e muitas vezes se matam.

E mesmo quando tudo corre com êxito e vitória, na posse desses bens temporários da vida, a morte chega de surpresa e tudo fica.

Exatamente por isso é importante investir no amor, conquistando laços fraternos e de amizade, que são um valor real do outro lado da vida.

Transforma as moedas e títulos financeiros em alimento, que deverá ser doado aos deserdados da sorte, e terás um tesouro nos céus.

Aplica ainda hoje os recursos financeiros de que dispõe, e que não poderá usar depois da morte, removendo a miséria do seu caminho.

Constrói um campo de dignidade naqueles que se fazem vítimas da criminalidade e dos vícios.

Usa os tesouros que amealhastes egoisticamente em criaturas necessitadas, e terás tesouros imperecíveis no além.

EXERCÍCIOS DE LIBERTAÇÃO

Durante toda a nossa jornada evolutiva temos que praticar exercícios que nos levem à libertação do espírito.

Certamente encontraremos muitos obstáculos e dificuldades que deverão ser ultrapassados pelo nosso esforço.

Ninguém espere encontrar facilidades nessa caminhada na direção das estrelas.

A cada empecilho, cada entrave e cada parada obrigatória, temos que reabastecer nossas forças íntimas e continuar em frente.

Procure caminhar resoluto e sem pressa, sem atropelar aqueles que estão à sua frente e com os mesmos objetivos.

Seja transparente e sincero, leal e fraterno, atraindo para si laços de amizade, que servirão de anteparo quando você passar para o outro lado da vida.

A madrugada é sempre mais iluminada depois que vencemos as sombras das nossas inferioridades.

Enquanto estamos percorrendo o caminho da esperança, não fiques desalentado ou triste, mantendo sempre o otimismo.

Realiza todos os seus compromissos com a vida, por menor que ele seja ou mais insignificante.

Onde quer que você esteja, faça tudo em nome do verdadeiro amor, coroando de êxito seus cometimentos no campo da carne e do espírito.

O aplauso, a pujança de muitas de nossas realizações, não nos dá o direito de sermos orgulhosos e egoístas.

Muitos dos que jornadeiam na busca do verdadeiro destino, tombam em armadilhas cruéis, edificadas por inimigos ocultos.

Inumeráveis outros companheiros também caem em tramas sinistras, arquitetadas por eles mesmos.

O homem é a posição mental em que se situa, no campo do bem ou do mal, podendo mudar de diretriz na hora em que quiser.

Procura ficar atento às tarefas que estás desempenhando, a fim de cumprir o que tiver delineado para sua iluminação.

Muitas vezes não importa se a tarefa exige ou não esforço mental; porque o importante é a coragem para realizá-la.

O trabalho sempre dignifica quem o realiza, coroando de êxito todos aqueles que trabalham com boa vontade.

Quando os objetivos são nobres e superiores, a dignidade envolve o coração dos destemidos.

COMPAIXÃO E SOLIDARIEDADE

Procure analisar tudo com muito carinho, a fim de que você possa ajudar sempre com mais eficiência.

Ajuda, portanto, sem a vinculação servil, sem exigir que a pessoa necessitada e acolhida fique à sua disposição.

Mantenha o hábito da solidariedade e da compaixão, sem impor nada e sem solicitação alguma.

Existe muita carência no mundo em que vivemos, sendo que a mais grave é a do afeto e interesse humano.

Apure a tua percepção espiritual, e verificarás que os lamentos das pessoas que sofrem decorrem dos problemas que se tem.

Os desocupados e indiferentes estão sempre muito ocupados com suas horas vazias, e não têm tempo para a solidariedade.

Quem não se acostuma a fazer doação em benefício dos outros, acaba por se desequilibrar diante da vida.

Aquele que não se aclimata a um trabalho solidário, dificilmente encontrará tempo para se solidarizar.

Apurando tuas percepções psíquicas, verificarás que os lamentos das pessoas nem sempre decorrem das enfermidades ou dos problemas.

Por mais que te encontres cansado, não te eximas de ser solidário e fraterno com todos que te procuram.

As experiência que vivemos nos faz reviver nos outros o que realmente fomos no passado.

A solidariedade é na realidade um pão de empréstimo, de que sempre o doador necessitará.

Por mais que pensemos em continuar isolados na vida física, não poderemos nunca prescindirmos da ajuda alheia.

Na vida de todos nós, surge um momento em que a solidariedade se torna imperiosa como socorro salvador.

Muitas vezes o problema do nosso próximo que para nós não é grave, é de suma importância para ele.

Experiência de vida física é a rota que cada um deverá vencer para atingir o grau máximo de iluminação.

CORREÇÃO DIANTE DA VIDA

Na nossa jornada evolutiva neste planeta de provas e expiações, realizamos muitas correções durante o trajeto do nosso destino.

Nem sempre andamos em linha reta e muitas vezes damos muitas voltas a fim de contornarmos obstáculos e dificuldades que se encontram à nossa frente.

Todos nós possuímos deficiências muitas vezes graves, mas que não aparecem de imediato, porque estão ocultas.

As marcas e limitações que percebemos nos outros não constituem maldição, porque nós também as possuímos.

Portanto, diante de irmãos portadores de deficiências físicas, procura manter uma posição correta, mental e social.

Nem a compaixão injustificável, e nem o deboche ou a indiferença fria para com eles.

Esses irmãos limitados em suas necessidades físicas aguardam uma oportunidade de cumprir as tarefas destinadas a eles na Terra.

Do mesmo jeito como ocorre contigo, é alguém que se recupera de ocorrências lamentáveis do passado.

Em inúmeras civilizações e culturas, o deficiente físico ao nascer era condenado à morte impiedosamente.

Mas naquela época o homem estagiava no primitivismo, ainda não havia se beneficiado com as dádivas do amor.

Com a presença de Jesus no Mundo, a bênção da solidariedade transformou-se em dever para todas as criaturas.

O deficiente físico é psicologicamente normal, gente igual a todos, com sentimentos e raciocínio que se manifestam de acordo como é recebido e tratado.

Se lhes concede de realizar alguma coisa, ele verá um mundo humano e digno, e crescerá com entusiasmo.

Mas se você lhe cerceia os passos, negando o ensejo de crescimento por preconceito, ele vai se amargar no campo da depressão.

A história universal conta a carreira vitoriosa de muitos deficientes físicos que superaram dificuldades e venceram na vida.

Aprimoram-se valores e aptidões, dependendo é claro da dedicação nas realizações a que se entregam.

Seja qual for a limitação de seu próximo, procure ajudar sempre. Redimindo-o de ontem e planificando o amanhã.

Honra-o em todos os momentos de sua vida, demonstrando o valor de que é portador.

Se você estivesse com os mesmos problemas de deficiente, adoraria receber estímulos para que pudesse seguir em frente.

Não habitue o deficiente físico que conheças na esmola humilhante, a fim de não torná-lo dependente.

Coopera e ajuda a educá-lo, facultando para ele uma profissão de acordo com suas possibilidades, dando-lhe dignidade e trabalho.

Nem todos os deficientes físicos encontram-se em regime de provação ou expiação, e sim muitos são voluntários em provas de amor ao próximo.

REVOLTA E INCONFORMAÇÃO

A revolta e a inconformação são dois corrosivos que dificultam a caminhada evolutiva do homem terreno.

Dificilmente uma pessoa que esteja portando essas duas deficiências morais consegue caminhar em paz.

Elas obstruem a mente imortal, porque deixa o ser humano revoltado e irresignado diante da vida, sem ânimo para continuar.

Outro detalhe interessante é que essas duas vertentes negativas da vida provocam nos outros aversões e antipatias.

Às vezes é até natural que ao sermos apanhados pela dor e o sofrimento cheguem até nós a revolta e a inconformação.

Mas a ação do tempo sobre todas as criaturas exerce uma inexorável mudança em todos, modelando-nos para a continuação da jornada.

Mesmo quando pretendemos fugir de uma situação incômoda, caímos na realidade da vida, que predomina em toda a parte.

Receba sempre o insucesso e a derrota como fenômenos normais dos trabalhos que realizamos dentro do processo evolutivo que encetamos.

Nunca te consideres inatingível em nenhuma de suas atividades, porque todos estamos expostos diante da vida.

Procure se acostumar com a fragilidade do seu corpo físico, devido às necessidade de crescimento do espírito imortal.

Entenda também que nenhuma dor ou sofrimento te procurará sem que tenha no seu bojo o critério superior de justiça.

E nenhum sofrimento ou dificuldade ficará com você para sempre, porque existe um tempo determinado para acabar.

Utiliza, portanto, das ocorrências que te trazem dor, sofrimento, aflições, decepções e desilusões, para crescer e ficar conformado.

Muitas vezes, visitados por acontecimentos inesperados, derrapamos no desespero e na alucinação.

Muitas pessoas afirmam estar aqui de passagem, e por isso não querem ser convidadas ao exame da vida no além.

Negam-se a acreditar na imortalidade do espírito e na continuidade da vida, desconsideram a morte biológica do corpo físico.

Preferem passar a vida inteira gozando dos prazeres fugidios, sem qualquer esforço no campo da religiosidade, da meditação e da caridade.

No estágio atual em que vivemos, o homem ainda teima em permanecer anestesiado pelos bens temporários.

Cada um concede a si mesmo privilégios e mordomias, facultando méritos pessoais que não são verdadeiros.

Se examinassem melhor a vida, poderiam verificar que o esforço das pessoas para enfrentar seus obstáculos são iguais em toda parte.

ESPERANÇA, FÉ, PERSEVERANÇA

Prossiga em sua caminhada evolutiva, com fé, esperança e perseverança no destino que Deus lhe confiou.

Essas três virtudes vão auxiliá-lo nessa jornada hercúlea, na busca do seu verdadeiro destino.

Durante essa empreitada, é proibido falar em cansaço, desânimo, tristeza, melancolia ou preguiça, que são corrosivos que atrapalham o viajor.

Sai da colocação negativa que muitas vezes invade sua mente, para se colocar na posição de otimismo e coragem.

Vivifica as emoções de santificação e de renúncia, desprendendo de tudo que seja inútil e vazio, para se dedicar ao bom e ao belo.

Contribua com a tua bondade e o teu otimismo, acendendo luzes por onde passar, deixando um rastro de alegria, de paz e de felicidade.

Em vez de reivindicares auxílio para você, procure auxiliar os seus semelhantes, sem inventar desculpas, mas usando a compreensão.

A embarcação humana não se encontra sem rumo ou sem comando, mas no oceano do progresso, rumando para a luz.

Cumpre então de tua parte abandonar o pessimismo e o azedume, a fim de não interromper a jornada.

Jesus comanda o destino espiritual da Terra e as soberanas Leis de Deus, velando pela destinação da humanidade terrestre.

Em todo processo de crescimento surgem situações não esperadas, por melhor que sejam as programações realizadas.

Muitas vezes sintonizamos com companheiros e companheiras, cujo comportamento lamentamos devido a nossa invigilância.

A mente desequilibrada e desarvorada se nega a fixar os ensinos edificantes que precisamos amealhar.

É importante fazermos uma avaliação de nossas atividades, verificando a sementeira que vai dar origem a colheita.

Em determinados períodos de nossa vida terrestre todos nos parecem adversários ou ingratos, mas isso também é temporário.

E surgem momentos em que achamos que não vamos suportar tantas dores, e é aí que crescemos mais ainda para Deus.

Tudo isso está acontecendo porque estamos numa fase de transição planetária, com a Terra buscando o seu destino de Regeneração.

Em face dessa circunstância atual, não fique surpreendido com a paisagem emocional aflita que verificamos no dia a dia.

Insatisfação, angústia e desespero geram situações lamentáveis, enquanto a violência e a agressividade grassam por toda parte.

Os estados da alma inquietantes dominam larga faixa da humanidade terrestre, em razão dos fatores socioeconômicos e psicológicos.

Mas este é o momento mais indicado para começarmos a praticar o bem em benefício dos outros, construindo laços fraternos e de amizade, que vão nos libertar do jugo do pecado.

A LUZ INTERNA

A construção da luz interna que todos nós desejamos não é uma coisa fácil, mas depende de muito trabalho e paciência no campo da carne e do espírito.

Não se constrói nenhuma luminosidade interna se ficarmos na preguiça, na tristeza e na melancolia.

A vida humana aqui na Terra exige trabalho, fé e perseverança no bem, a fim de colhermos os frutos de nosso esforço espiritual.

Procure se espiritualizar e deixe que sua luz possa brilhar confortadora, apontando os rumos da paz que deve seguir contigo.

Tenha confiança irrestrita na governança de Jesus, o líder incontestável da humanidade terrestre.

Embora o Evangelho de Jesus tenha sido pregado em todo o mundo, milhares de pessoas ainda desconhecem o seu verdadeiro valor.

Aproxima-te do teu próximo e clarifica sua mente com o teu carinho, chamando à ação e à responsabilidade.

Junta aos recursos de que já possuis, outras candeias de luz, amparando quem está ardendo nos sofrimentos e nas aflições.

Nunca te detenhas diante dos impedimentos naturais que certamente encontrarás à tua frente enquanto estiver caminhando.

Quando impomos nossa forma de ser e de viver, estribados em preconceitos e presunções, transformamo-nos em prepotentes e autoritários.

Quando enclausuramos no nosso coração a vaidade de sermos os salvadores da pátria, viramos parasitas inconsequentes.

Se utilizamos das benesses da vida física e espiritual, e não repartimos bênçãos para os nossos semelhantes, passamos a ser dilapidadores da oportunidade.

Se veiculamos a ideia da crença inabalável em Jesus, e não fazemos absolutamente nada em benefício dos outros, somos insensatos.

Todos os movimentos religiosos da Terra são louváveis, mas é de vital importância a transformação moral do homem.

Quando se trata de fé o homem se submete aos códigos do amor, mas só o tempo e as experiências de vida conseguem modificá-lo.

Para que se tenha sucesso em qualquer iniciativa é preciso que haja o suporte da razão, que geralmente é apoiada nos fatos relevantes.

Toda a ideia de incorporar Jesus no dia a dia dos homens é edificante, no entanto a claridade vem com o esforço de cada um.

A desinformação em torno dos valores do espírito imortal é alarmante, com milhares de pessoas deseducadas no campo espiritual.

Outras milhares de pessoas transitam pelo planeta Terra distraídas, sem se dar conta das responsabilidades que lhes dizem respeito.

Grande parte das pessoas transita pelas ruas da cidade e pelos campos, sem rumo, na busca de alguma coisa que já se encontra dentro delas.

ESTÍMULO E REAÇÃO PACÍFICA

Os estímulos que chegam até nós diariamente são muitos, mas aproveitamos muito pouco, devido a nossa intransigência mental.

A nossa reação diante de qualquer coisa contrária aos nossos interesses imediatos é simplesmente patética.

Não estamos preparados para sermos contrariados, nem gostamos das pessoas que não fazem a nossa vontade.

Aproveita a sabedoria das horas e ganha quantos minutos puder em ação edificante no campo do bem.

Os espinhos que no passado te atassalharam a vida podem agora transformar-se em raios de luz.

Na nossa área de jornada evolutiva tudo segue e marcha para frente, na direção do alto.

Transfere as tristezas do planeta Terra e confia nas alegrias do reino de Deus a partir de agora.

Conserva o otimismo e a esperança, ajudando os corações em agonia pela necessidade de pão físico e espiritual.

A experiência da dor e da saudade, cimentando seus compromissos com a luz, arremessará você para o infinito de Deus.

Dificilmente aqueles que utilizam do corpo físico para o prazer, sentem alegria e paz nesta vida física.

Agora os seus compromissos com a vida são em parte do amor ainda incompreendido, mas com o tempo se transformam em amor real.

Procure orar, servir e meditar, aguardando as surpresas do tempo, que vai coroar de êxito ou de fracasso sua atuação no campo do bem ou do mal.

Evita o comentário pernicioso, e nunca difunda informações falsas, a fim de evitar colapso na vida das pessoas.

Apaga o fogo da sua raiva, do seu ódio e do seu ressentimento, adotando normas de caridade, beneficência, compaixão e bondade.

Procura asserenar os ânimos referentes às ansiedades pessoais que muito companheiros apresentam, o desespero.

Harmoniza-te com Jesus, o maior dispensador de bens eternos do mundo, com o auxílio da prece, do recolhimento e do silêncio.

O egoísmo, o orgulho e o ciúme são corrosivos, contra os quais todos devem se voltar, dando as costas para o mal.

Procura não somar ao volume dos desequilíbrios vigentes, as reações que traduzam desarvoramentos internos.

Estabelece diretrizes seguras para a tua paz interior, com o esforço da prece, do silêncio e do recolhimento.

JESUS E A AGRESSIVIDADE

Na época de Jesus a agressividade e a violência já existiam, e o tempo passou sem que diminuíssem sua intensidade.

Nos dias de hoje, além da agressividade e da violência física, ainda temos a violência mental, tão nociva quanto a outra.

Mentes poderosas pelo conhecimento da intelectualidade dominam os mais fracos em todos os campos da vida.

Aqueles que mantêm o poder transitório do poder econômico, dificilmente querem repartir com os mais necessitados.

Quem detém o poder administrativo ou público, no campo legislativo ou jurídico, nada faz para minimizar a dor alheia.

Diante da agressividade ou da violência impiedosa, procure exercer o equilíbrio e serenidade.

Em todos os momentos das nossas vidas no planeta, Jesus se apresenta como modelo e guia, nele encontramos segurança e bem-estar.

Quando estivermos perseguidos pela multidão irresponsável, precisamos exercer o perdão sem exigências.

Maltratado pela impiedade dos desordeiros da vida, preconize o amor indistinto e sem fronteiras.

Aconselhado a fazer justiça com as próprias mãos de forma arbitrária, atenha-se à resignação e à humildade.

Seguindo os passos de Jesus, vemos que ele viveu todos os seus dias na abnegação, com que estabeleceu seu primado de paz na Terra.

Quando a fome angustiou os discípulos que acompanhavam Jesus em uma colina, Ele transformou em pães e peixes em abundância, satisfazendo a todos.

Defrontando a mulher adúltera, que estava para ser lapidada pela multidão enfurecida, ensinou a misericórdia.

Insultado pelos sacerdotes do templo, pelos fariseus, pelos doutores da lei, e por parte do próprio povo, buscou a Deus em oração.

Abandonado por comensais e amigos que o rodeavam, voltou a demonstrar carinho por esses companheiros.

Traído por um dos seus discípulos que se desviara do caminho do bem, teve complacência e perdoou sem arrogância.

Portanto, não te deixes engalfinhar em lutas estéreis que não levam a nada, na justiça das próprias mãos.

Todo tipo de violência esconde uma pessoa enferma, que extrapola a sua própria dor na agressão infeliz.

Somente o amor exercido em sua plenitude pode libertar o homem das viciações e do pecado.

Nenhuma medida existe para resolver em curto prazo a violência que grassa no mundo de hoje, e só Jesus pode resolver isso.

Nenhuma pena de morte, como muitos desejam, vai erradicar a agressividade que ainda existe na mente imortal do homem.

Somente a educação espiritual baseada no Evangelho de Jesus doará ao homem terreno os antídotos necessários à sua iluminação.

Quem tem Jesus no coração não teme as ciladas da vida, e caminha seguro para as realizações nobres da vida.

O CONSOLO DOS POBRES

O consolo que Jesus prometeu aos pobres e deserdados da sorte não é a mordomia injustificável do assistencialismo.

Toda ajuda preconizada pelo divino Mestre está absolutamente centrada na ação mental das pessoas.

Qualquer ser humano, por mais pobre e necessitado que seja, se estiver bem mentalmente será feliz.

O difícil para o homem terrestre em evolução aqui na Terra é conviver com o desequilíbrio, com a depressão e a obsessão.

Jesus quando falou reportou-se aos aflitos, tendo em vista aqueles que choram sob o rigor das injustiças humanas, sem se revoltar.

Há também aqueles que resgatam os débitos contraídos na retaguarda da vida, sem desespero e sem revolta.

Aqueles que sentem a alma estraçalhada pelas injunções humanas, e que aguentam firmes até o fim da jornada.

E há ainda aqueles que passando por dores, sofrimentos, aflições, decepções e desilusões, não procuram passar nada para ninguém.

Os perseguidos por todo tipo de adversários, mas que mesmo assim, não se deixam consumir pelo desejo de vingança.

Os esfaimados pela falta de recursos financeiros, que passam fome e frio, nem assim se mostram rebeldes às Leis de Deus e dos homens.

Segundo o Evangelho do mestre Jesus, estes sim serão consolados, e receberão em outra vida os recursos que não tiveram nesta.

O choro é a reação do sentimento e da emoção, mas nem sempre é credor do respeito e da solidariedade.

Existem lágrimas que não traduzem nem a humildade nem a esperança.

Choros que indicam vingança atroz para o semelhante e engedram males de longo curso.

O ciúme irrefreado, açoitando os corações invigilantes, derrama lágrimas ardentes no rosto do maldoso.

O ódio, o rancor e o ressentimento, se voltam contra os que lhes aceitam como solução para problemas pessoais.

As paixões inferiores preferem as situações perniciosas, que acabam por levar o incauto à infelicidade.

A inveja inditosa e infeliz irradia vibrações deletérias, que se irrompem em lágrimas abundantes.

SUICÍDIOS DIRETOS E INDIRETOS

Todas as vezes que comentamos sobre a ação do suicídio, pensamos apenas naqueles que se voltam contra a própria vida.

Aqueles que com um gesto impensado e impetuoso eliminam o direito de continuar vivendo, praticando o suicídio de forma direta.

No entanto, existem aqueles que, de uma forma indireta, acabam por praticar também o suicídio, muitas vezes inconscientemente.

Existem outras formas de aniquilamento da vida física, a que se entregam milhares de pessoas.

O suicídio lento, gradativo, praticado por meio de experiências nocivas ao corpo físico passa despercebido.

A ansiedade contínua e pertinaz, quando alimentada por muito tempo, leva o detentor desse estado da alma às alienações.

A insatisfação demorada e insistente, quando cultuada com frequência, desarticula o ritmo da máquina orgânica.

A ira, o ódio, o ressentimento e a raiva, quando mantidos por desejo próprio, perturbam o equilíbrio das emoções.

A angústia, a tristeza e a melancolia, quando são vitalizadas por pensamentos fortes, envenenam os centros de harmonia psíquica.

As viciações mentais de todos os tipos, mantidas em caráter íntimo, passam a interferir no nosso metabolismo fisiopsicológico.

O ciúme exacerbado, quando vivenciado por anos a fio, descaracteriza a personalidade do indivíduo e envilece a vida.

A avareza tisna o discernimento das pessoas, e desarvora o organismo fisiológico.

A ociosidade e a preguiça são corrosivos mentais de alto teor negativo, que podem levar as pessoas ao suicídio indireto.

O suicídio decorre sempre de um ato ou gesto alucinado, levando a vítima a perder os contornos da realidade, produzindo a comoção geral.

Grassa por toda a parte, em todos os níveis sociais e econômicos, as vítimas da autodestruição, motivadas por excessos físicos e mentais.

Fumantes inveterados e outros que se entregam ao vício das drogas, do álcool, do jogo e do sexo, padecem de estranhas alucinações que levam ao suicídio indireto.

Existem muitas formas de anulamento da vida física, a que se entregam milhares de seres humanos.

No entanto, existe beleza, alegria, paz, felicidade e amor por toda a parte, convidando à vida plena e estuante.

Acautela-te nas atitudes e comportamentos sadios, preservando o corpo físico doado por Deus, honrando a vida com seu esforço de evolução.

Procure orar e meditar, anulando as considerações negativas de que seja objeto, por intermédio de insinuações de entidades inferiores.

Utilize do amor indistinto para se aproximar das pessoas a quem deve oferecer sua ajuda, arrebentando as algemas morais e emocionais que insistem em te acompanhar.

AS LIMITAÇÕES DE CADA UM

No planeta Terra em que todos nós evoluímos, tudo se encontra sob limites que não podem ser desprezados.

Somente a vida em plenitude permanece mergulhada em envoltórios passageiros, sujeita a transformações constantes.

A existência física, mesmo que seja duradoura por muitos e muitos anos, nem assim evitará a chegada da morte.

Os anos, compostos de muitos e muitos dias. Não passam de um minuto sequer na ampulheta do tempo.

Por isso mesmo, nunca te suponhas afastado dos acontecimentos nos processos de evolução.

Procura te embrulhar nos tecidos da humildade e da simplicidade, trabalhando sem cansaço, avançando sempre para a frente e para cima.

Conserva sempre o otimismo, a fé e a esperança em tuas realizações, mesmo quando tudo te parece contrário.

Todos aqueles que receiam praticar o bem por medo ou negação, acabam por entorpecer as resistências íntimas do coração.

Foge o mais rápido possível da prepotência e do autoritarismo, que podem levar o detento dessas negatividades à loucura.

A presunção, o egoísmo e o orgulho atuam diretamente na nossa consciência imortal, provocando o desequilíbrio.

Somente o amor indistinto e desinteressado, em relação ao próximo, pode produzir efeitos saudáveis no campo da vida.

Se advertido para edificar o bem em qualquer lugar em que estejas, não percas a oportunidade de te iluminares com gestos de bondade e caridade.

Se não conseguires realizar o teu intento de progresso junto aos teus semelhantes, não te entregues ao desânimo e à melancolia.

Se todos bendizem o oxigênio que respiramos por meio da natureza de Deus, sejas tu aquele que refrigera e acalma os irmãos de luta.

Em um ambiente de tranquilidade, todos anseiam por fruí-la, por isso é importante que proporciones para os outros.

Aprimora os teus valores morais, submetendo-te ao caldeamento das paixões inferiores, afastando-as de você.

Dedica-te fervorosamente ao bem e à caridade fraternal, aprendendo a boa vontade e a submissão aos desígnios de Deus.

Libera-te dos caprichos e pequenezes de caráter, aprendendo a cooperação, a solidariedade e o compartilhamento.

Propõe-te ao silêncio, à prece, ao recolhimento e ao Culto no Lar, saneando teu ambiente doméstico com esses atos espirituais.

Busca manter uma vida reservada e pura, em que te comprometes contigo mesmo, de que não vais mais errar.

Cultiva a paciência e a resignação, como também a compaixão e a renúncia, para que os teus dias sejam leves e suaves.

O HOMEM TERRENO E AS OBSESSÕES

A dificuldade do homem terreno para lidar com as obsessões vem de tempo remotos.

Na época em que Jesus esteve na Terra, havia milhares de obsidiados, e o divino Mestre curou muitos deles.

É interessante observar que o afastamento puro e simples do obsessor não cura o enfermo da alma.

A cura definitiva da obsessão passa impreterivelmente pela mudança de hábitos, de pendores e de tendências.

É necessário modificar pensamentos e sentimentos, voltando nossos ideais para a prática do bem, isolando-nos do mal.

É necessário nos libertarmos das paixões inferiores, plasmando um futuro de ações corretas em benefício dos outros.

A mudança dos clichês mentais é fator preponderante no afastamento dos espíritos inferiores.

Orar sempre em silêncio, reflexionando sobre as atividades diárias que executamos.

Vincular nossas atividades de amor ao próximo, contribuindo de alguma forma para o bem dos nossos semelhantes.

Quando sentir reações negativas de influências externas, reagir de imediato, não se deixando hipnotizar pelos obsessores.

Não permitir que a mente se envolva com deslizes morais, que certamente perturbam o pensamento e os sentimentos.

Instalar um sistema de vigilância intensivo, que possa vitalizar nossas energias eletromagnéticas da mente.

Acreditando ou não, o intercâmbio dos vivos com os chamados mortos ocorre diuturnamente, mesmo que não seja percebido.

Em qualquer lugar em que estejamos estagiando, ocorrerá os mecanismos de sintonia de uma mente para outra.

Afinal, os espíritos são os mesmos homens que habitavam a Terra e que perderam apenas o corpo físico, mas continuam vivos.

E quando são atrasados moralmente continuam exatamente como eram no além, e pior, vinculados aos vivos.

Os maldosos, os cruéis, criminosos, sensuais, avarentos, continuam do outro lado da vida, exatamente como eram quando vivos.

A morte não transforma as pessoas em sábias, nem em santas, mas leva cada um de nós ao encontro da própria consciência imortal.

Os invejosos e maledicentes estagiam no além, nas paixões desgastantes que os intoxica.

Os perseguidores implacáveis da vida física dão larga tendência às selvagerias que praticavam quando vivos.

Aqueles que na vida física sentiam ódio, rancor e ressentimento não mudam nada no além, mas acirram ainda mais seus desafetos.

RELIGIÃO E JUSTIÇA

Diante das criaturas humanas, a religião pode apresentar uma série de situações diversas.

Estabelecer polêmica a respeito dos atributos de Deus muitas vezes ornamentando-o com as características humanas.

Ditar interpretações errôneas com relação às revelações sublimes, ou figurando gratuidades e milagres.

Provocar uma centralização da mente num conceito único, de que só a sua religião é a certa.

Vivenciar a casualidade da vida, sem obedecer os preceitos do trabalho como mola propulsora da vitória.

Reexaminar os princípios da religião, sem autoritarismo ou prepotência, mas discutindo tudo com democracia.

O atendimento ao ritualismo e ao simbolismo, como formas de adoração, que satisfaz uns e aborrece outros.

Evitar adotar posições convencionais, que cultivam penitências vazias, que não partem do coração.

Construir monumentos de pedra ou metal, que possam perpetuar por séculos, mas que não edificam ninguém.

Todas essas manifestações no campo da religiosidade fazem parte do desenvolvimento do homem terreno.

O importante é não se fixar nas que só representam as coisas exteriores em detrimento do que interno, do que é real.

Em determinados estágios da evolução humana, muitas coisas são necessárias, mas serão descartadas mais tarde quando houver um conhecimento maior.

O evangelho de Jesus nos ensina que a religião diante de Deus é aquela que parte do coração e do pensamento, focada no Criador.

A verdadeira religião é também aquela que visita os órfãos, os hospitais, os presídios, aquela que se compadece da dor alheia, que compartilha e que se solidariza com o próximo.

No serviço em benefício do próximo está assentada a religião autêntica e sincera.

Ao adotar qualquer tipo de religiosidade, adota a posição firme de ser fiel e sincero aos conceitos por ela estipulados.

Coloque Jesus acima de qualquer tipo de religiosidade.

Nunca pretenda que as pessoas que convivem com você devam segui-lo nos campos de sua preferência religiosa.

Respeita todas as doutrinas e religiões diferentes, a fim de que tua mente esteja limpa para que possas seguir a tua própria religião.

Todas as religiões procuram encaminhar os homens para Deus, quando ocorre algum erro, esse erro é do homem e não da religião.

Deus é ecumênico, e adota e recebe com carinhos os adeptos de todas as religiões, sem discriminar ninguém.

NO CAMPO DA SOLIDARIEDADE

Provavelmente nem sempre dispomos dos recursos ideais para hospedarmos as pessoas que nos procuram.

Dentro do próprio lar temos obstáculos e dificuldades que impedem que utilizemos da beneficência em prol dos outros.

Muitas vezes até mesmo com a parentela familiar não somos solidários, e deixamos de prestar auxílio por vários motivos.

Essa indiferença que muitas vezes se apossa de nós, provoca discórdia, desequilíbrio e rixas, que muitas vezes se perpetuam no tempo.

Não podemos também receber muitos amigos em espaço irrisório, impondo às vezes constrangimento na estadia deles.

Podemos ainda descerrar as portas do nosso coração, oferecendo um acolhimento moral, mais importante que o físico.

Muitos companheiros e companheiras, apesar de desabrigados, não são carentes de recursos financeiros.

Em todos os lugares podemos identifica as pessoas que vagueiam sem rumo, deserdadas de apoio e convivência.

É importante observá-las atentamente, a fim de que possamos ajudá-las dentro do possível, de acordo com as necessidades de cada um.

Às vezes nem necessitam de dinheiro, mas de uma palavra amiga, de um conselho salutar, ou de uma mão amiga.

Quase sempre, aquele a quem você ajuda a se reerguer, é que será o seu amparo do futuro, quando estiver necessitando de recursos.

Nunca se sinta incapaz ou inútil diante da dor e sofrimento alheios, porque todas as pessoas têm sempre alguma coisa que podem doar.

Ninguém existe aqui na Terra que não possa auxiliar os outros, estendendo a roupagem da simpatia comandada pelos fios do coração.

Lembra-te que o dono de um pomar imenso só comerá o quanto necessário à sua sobrevivência.

O dono de um armazém com centenas de sacos de grãos, só poderá se alimentar com apenas um quilo por dia.

Aquele que possui dezenas de pares de sapatos, só poderá calçar um par de cada vez.

O excesso de vestuário também colocará o homem em xeque, ele será obrigado a vestir apenas uma roupa em cada evento.

USE O TEMPO PARA AJUDAR

Muitas vezes o ambiente está tão perturbado que a melhor maneira de ajudar é fazer silêncio.

Muitos companheiros e companheiras se mostram tão perturbados e desorientados que precisamos esperar que a própria vida dê um jeito em seus problemas.

Em outras ocasiões, o ambiente parece tão sombrio e deturpado que temos que contemporizar aguardando melhores dias.

Existem males nessa estrada da vida que fogem à nossa percepção física e espiritual e nesses casos temos que ter paciência.

No entanto, as ocasiões para a prática do bem são extensas, e nos convidam a todo momento, no nosso dia a dia.

Uma indicação ou informação prestada com paciência e retidão soluciona muitas vezes problemas intrincados.

Uma palavra dita na hora certa e que inspire bom ânimo, resultará em efeitos salutares para quem a ouve.

Uma gentileza na área da educação, que possa dissipar a melancolia ou tristeza, fará muito bem ao seu próximo.

Um favor prestado com eficiência pode remover a aflição, dando condições ao outro para seguir em frente.

Mas precisamos analisar a trilha cotidiana que todos vivem, amparando e amando a todos que se aproximam de você.

A vitória que todos desejamos só pode ser construída com o esforço no caminho do bem, junto com nossos semelhantes.

De nada vale os apelos pela esperança e pela fé, se não colocarmos as mãos no trabalho edificante.

Nunca digas que estás sem inspiração em Jesus para adotares um caminho certo que te levará à vitória final.

Os dias atuais na Terra mostram que, cientificamente, a comunhão espiritual não depende nem do espaço nem do tempo.

Podemos colher qualquer tipo de informação sem que a pessoa que esteja falando esteja perto, por meio dos aparelhos eletrônicos.

Conversar com uma pessoa distante, de um país a outro, utilizando-te do aparelho telefônico.

Escutar teu cantor predileto, ouvindo músicas lindíssimas sem sair de tua casa, através das ondas electromagnéticas do rádio.

Recolher mensagens que chegam até ti, muitas vezes enchendo teu coração de alegria, por meio do telegrama.

Acompanhar a vida de uma pessoa que você nunca viu, mas que se tornou simpática para você por meio dos jornais.

Do mesmo jeito são as ligações com Deus e com Jesus, que podem ser evidenciadas de várias maneiras, mas a principal delas é pelo coração.

Este livro foi impresso nas oficinas gráficas da Editora Vozes Ltda.,
Rua Frei Luís, 100 – Petrópolis, RJ.